Le reggae

Bruno Blum

Le reggae

Ska, Dub, DJ, Ragga, Rastafari

Librio
musique

Collection dirigée par Philippe Blanchet

Préface
par Sly & Robbie

Retrouver le message...

J'ai toujours adoré la musique. J'ai d'abord écouté du ska, ensuite le rock steady est arrivé. Et puis le reggae. Je ne sais pas qui a vraiment créé le reggae. J'étais étudiant. Je ne jouais pas vraiment de manière professionnelle à l'époque, mais je crois que ça s'est passé entre Clancy Eccles, Lee Perry et Niney. Le nom a été trouvé par ces gens-là, Bunny Lee, tout ça.

Le ska et le reggae étaient très populaires. Et puis avec les années soixante-dix, le succès international a été énorme.

Double Barrel est monté au numéro un en Angleterre. Il y a eu Desmond Dekker, *Israelites*, et Bob & Marcia avec *Young Gifted And Black*, l'instrumental *Liquidator*, puis Ken Boothe avec *Everything I Own*, Carl Malcolm avec *Fatty Pum Pum*. Après ça a été *Police & Thieves*, Chaka Demus & Pliers, Shaggy...

Dans les années soixante-dix, cette musique a pris de l'importance. Grâce à des artistes comme Bob et Burning Spear, elle a véritablement touché les gens. Plein d'autres artistes comme les Maytals poussaient vers l'avant. Ils écrivaient des chansons et de la bonne musique. Une musique que les gens, loin de la Jamaïque, appréciaient pour le message qu'elle contenait. On était content à cette époque.

On a essayé de continuer comme ça, à ce niveau-là, mais ce n'est pas ce qui s'est passé. Beaucoup de gens hors de Jamaïque aiment le rythme reggae, mais s'ils se connectent sur le rythme dancehall d'aujourd'hui, ils risquent d'avoir un problème. Le nouveau rythme dancehall est bon, et tout le monde aime ce rythme. Mais ce dont j'ai surtout besoin, c'est d'une chanson. D'une chanson comme *No Woman No Cry, Concrete Jungle, Get Up Stand Up, Country Living...* Je crois qu'il faut qu'on en revienne à des chansons dans lesquelles les gens se retrouvent. C'est ce dont on a besoin aujourd'hui. Plus le message sera clair, comme ce que Bob écrivait, plus il sera facile pour nous de revenir dans les sphères où le reggae était parvenu à l'époque.

Bob écrivait des chansons comme *Is This Love* ou *No Woman No Cry*. Il chantait « J'ai tiré sur le shérif mais pas sur son assistant ». C'étaient des chansons pour tout le monde. Il ne faut pas essayer de retourner en arrière. Tout ce dont j'ai besoin, c'est d'une chanson. Tout le monde comprend ce que *« one love, one heart »* veut dire. Peu importe si c'est sur un rythme hip-hop, funk ou folk.

Sly Dunbar, 18 janvier 2000

La musique du ghetto...

Je n'ai pas découvert la musique reggae. C'est la musique reggae qui m'a découvert ! J'écoutais beaucoup de musiques parce qu'en Jamaïque, à cette époque, la radio était limitée à une seule station. On y entendait toutes les musiques possibles et imaginables. De tous les styles. La country & western, le calypso, le rhythm & blues américain, le rock & roll, de tout. Et on aimait chacun de ces genres. À l'époque il y avait le mento, le ska quand j'étais enfant. Les gens du monde entier aiment la musique, mais en Jamaïque les gens adorent vraiment la musique, un point c'est tout. Vous voyez la façon dont les gens aiment la vie ? Les Jamaïcains aiment la musique de cette façon-là. La musique est une partie de la vie. La musique en général. Et la musique reggae fait partie de la fraternité des musiques.

Dans les années soixante-dix, chaque mot que prononçait un chanteur ou un auteur cherchait à toucher la vie de chacun. L'une de ces chansons, que chantait Johnny Clarke, « ne reste pas dans le caniveau à dire que tu souffres, mets la main à la pâte et Dieu t'aidera », signifiait beaucoup pour moi à cette époque. Je jouais déjà. C'est à cause de cette chanson que je suis devenu producteur. Parce que ce n'est pas avec les dix dollars qu'on me donnait pour une séance d'enregistrement que je pouvais faire quoi que ce soit. Je me suis dit : « On va faire d'autres chansons comme celle-là. » Je voulais changer quelques petites choses dans la musique, car j'avais des idées que je gardais en moi, mais je ne savais pas comment le faire sortir. Il a fallu que je rencontre Sly pour ça.

Pour moi, la musique devait être gaie, heureuse. Si vous faites attention, vous remarquerez que Sly & Robbie jouent une musique gaie, dansable, peu importe ce qu'elle raconte. Si quelqu'un chante un morceau de type révolutionnaire, on essaie d'y mettre un élément de danse, qui soit gai. C'est révolutionnaire, mais gai. Militant, mais heureux. Si c'est une chanson triste, alors qu'elle soit triste, mais gaie à la fois. En Jamaïque, la plupart des gens chantent des chansons qui ont un rapport direct avec ce qu'ils vivent chaque jour. Si un homme chante une chanson où il parle du ghetto, il ne le chante pas parce qu'il doit chanter ça : il le vit. C'est pour cela qu'il peut le chanter. Et la plupart des gens viennent d'un ghetto. Le monde entier est encore un ghetto. Moi, je viens du ghetto. Pour moi, ce qu'on appelle le ghetto ici, ce n'est en fait qu'une partie de l'université. C'est l'université de la rue. Les choses que tu apprends à ce niveau-là, tu ne pourrais payer personne qui soit capable de te les apprendre. Quand tu as l'intelligence de la rue ça t'aide à faire face aux gens à n'importe quel niveau. Quand quelqu'un parvient jusqu'aux quartiers riches d'uptown, il doit savoir qu'il est toujours dans un ghetto. Même lui peut se reconnaître dans cette chanson, parce qu'il sait d'où il vient. C'est pourquoi toutes les chansons de Bob, Peter, Burning Spear, Bunny Wailer étaient comme ça. Les gens chantaient ce qu'ils vivaient. C'est ce que font les rappeurs américains aujourd'hui probablement. Tu ne peux pas parler de la vie d'un autre, il faut que tu parles de la façon dont toi tu vis. C'est ça, le reggae.

Robbie Shakespeare,
18 janvier 2000

Prologue

Ce petit livre raconte l'extraordinaire histoire et destinée de la musique jamaïcaine. À une heure d'avion au sud de la Floride, cette île de la Caraïbe a produit plus de cent mille disques en cinquante ans, un record par habitant, unique au monde. La plupart de ces enregistrements n'ont jamais atteint d'autres publics que ceux de la communauté jamaïcaine. Mais si l'on excepte le blues, il est difficile de trouver un genre qui ait plus influencé la musique populaire de la fin du XXe siècle.

Des stars comme les Rolling Stones, Eric Clapton, le Clash ou les Fugees ont enregistré avec succès des classiques du reggae, et des auteurs compositeurs interprètes comme Serge Gainsbourg ou Bernard Lavilliers ont les premiers donné à cette musique ses lettres de noblesse francophones. Les rythmes jamaïcains ont aussi été utilisés par des artistes non antillais du calibre de Sting *(Roxanne)*, des Eagles *(Hotel California)*, Alpha Blondy *(Brigadier Sabari)*, Stevie Wonder *(Master Blaster)* ou Prince *(Willing And Able)*.

Mais plus important encore est l'impact du reggae sur l'ensemble des courants des musiques « dance » internationales. La présence d'une forte population d'origine jamaïcaine en Grande-Bretagne et à New York a permis d'introduire des traits essentiels de la culture des dancehalls dans la musique populaire internationale (hip-hop, techno, house, etc...) : mise en avant de la basse et de la batterie, sonos énormes, enregistrements de « versions » exclusives pour et par les DJ, sans oublier la pratique du rap sur des rythmiques déjà existantes. D'autres innovations jamaïcaines, comme le remixage dub, marquent fortement leur époque. En outre, le message rastafarien diffusé par une partie des artistes de reggae colporte une forme spécifique de contestation, radicale, faisant de cette musique populaire un véritable médium.

Ce livre retrace chronologiquement cette aventure, de la naissance du mouvement rasta au début du XXe siècle, du mento au jazz jamaïcain, puis du ska au rock steady jusqu'au reggae proprement dit, né en 1968. Les développements ultérieurs, des rythmes « one drop » au dub, puis du style « rockers » au ragga des dancehalls, sont détaillés. Le rôle exact des producteurs, musiciens et artistes qui les ont créés, est à mesure expliqué au fil de l'histoire.

Chapitre 1

De Marcus Garvey aux rastas

À dix minutes de Cuba, le Boeing argenté d'American Airlines (dix allers-retours Kingston-Miami par jour) touche la presqu'île de Port Royal en vrombissant. C'est un Boeing American Airlines. Celui d'Air Jamaica, immobile, est sur une voie de garage : voilà qui résume l'ambiance.

L'aéroport international Norman Manley, un Orly Sud miniature à l'élégance et au charme typiquement années soixante, trône sur l'isthme qui encercle la baie de Kingston. Bienvenue sur l'île Soul, où James Brown et les Fugees restent les héros les plus inaltérables. *Welcome to J.A.* (prononcer Djé-Yé), ou comme on dit dans les bidonvilles : *Welcome to Jamdong*.

À la pointe de la presqu'île-aéroport, la ville de Port Royal, capitale mondiale de la piraterie et de la débauche, fut engloutie corps et biens le 7 juin 1692 par un providentiel tremblement de terre. Un cataclysme considéré par les autochtones à la fois comme une justice divine et comme une prophétie : chaque Jamaïcain (et bien avant Bob Marley !) rêve en effet que le destin sacré de l'île soit de montrer le droit chemin, celui de la Bible... Ce sentiment est renforcé par l'histoire tout entière de cette nation, qui ressemble à un cauchemar. Un atroce bain de sang où la cruauté des Espagnols massacreurs d'Indiens, puis des pirates alliés aux planteurs esclavagistes anglais n'a été remplacée que par celle de l'inique justice coloniale. Depuis l'indépendance en 1962, la dictature économique entretenue par le capitalisme sauvage (incarné par la suprématie des États-Unis et de leurs sociétés transnationales) n'a rien fait pour sortir ce peuple fier de la misère. Pour les 5 % de riches (il y en a aussi des Noirs), les affaires tournent plutôt bien. L'État cherche (et réussit) à attirer les touristes sur la côte nord, qui est couverte d'hôtels pleins d'Américains candides, déconnectés de la réalité. Le syndicat d'initiative s'applique à montrer une image souriante et ensoleillée de son île aux trésors. La réalité que chante le reggae est bien sûr plus nuancée.

Le peuple indestructible de cette île perdue des Caraïbes, grande comme la Corse, puise toute son énergie dans une force surhumaine : celle de la foi.

Le gospel est partout en Jamaïque ; qu'il soit interprété dans sa version baptiste, plus austère car plus ancienne (les baptistes se sont implantés avant même l'abolition de l'esclavage en 1838, introduisant notamment les claquements de mains rythmés), ou dans les styles anglican, méthodiste, romain catholique, adventiste... et tant d'autres. Quiconque a assisté à une telle célébration sait pour toujours que l'esprit et le son du blues, du jazz, de la soul, du rock & roll, du rap et de tout le reste sont issus en vrac de là, et de nulle part ailleurs. Il en est de même pour le reggae... Presque tout vient d'un gospel qui s'est répandu comme une traînée de poudre dès que les Afro-Américains, désespérés par quatre siècles d'esclavage, ont eu le droit d'aller à l'église (95 % des Jamaïcains sont de sang africain). C'est simple : le peu que les esclaves ont pu sauvegarder tant bien que mal de leurs cultures africaines interdites a été injecté avec force dans le gospel (« évangile »).

Au XXe siècle, le gospel est devenu franchement funky. Et l'Église, point de ralliement, quasi-monopole de l'espoir, a très vite affirmé une domination culturelle absolue sur la société jamaïcaine. Comme dans bien des autres îles antillaises, on prend ici ses décisions en fonction de la Bible. La politique, taboue car dangereuse, est souvent méprisée par le peuple, qui en parle rarement. Un bon Jamaïcain est d'abord un chrétien zélé. La classe dirigeante est *a priori* très pieuse, fût-elle d'origine britannique, chinoise (les Chinois tiennent une grande partie du commerce), syrienne, allemande, juive séfarade (les Juifs sont implantés là depuis les massacres de l'Inquisition aux XVe et XVIe siècles), indienne, ou bien sûr ouest-africaine. En Jamaïque, la valeur sûre, la référence, c'est la religion. Même les policiers, très durs et très craints, vont à l'église et chantent le gospel avec une ferveur à décoller le papier peint. Inutile de s'étonner si le symbole du Bon Dieu blond aux yeux bleus a fini par défriser quelques Noirs. Car pour certains la religion chrétienne, telle qu'elle a d'abord été importée par les Espagnols (qui ont massacré tous les Indiens arawaks de 1494 à 1660) puis par les Anglais (au pouvoir de 1660 à 1962), est avant tout un symbole colonial. Pour une partie des exploités, et ce n'est pas ce qui manque en Jamaïque, les prêcheurs ne présentent qu'une version censurée, coloniale, de la Bible. Ainsi, pour certains, la sacro-sainte Bible telle qu'on la présente ne serait pas parole d'évangile, mais un héritage trafiqué, un reliquat des temps ignobles de l'esclavage, qui ne sont pas si loin. « Prêcheur, ne me dis pas que le paradis est sous la terre. Je sais bien que tu ne sais pas ce que vaut vraiment la vie. Tout ce qui brille n'est pas de l'or, et la moitié de l'histoire n'a pas été racontée. » (Peter Tosh en duo avec Bob Marley dans *Get Up Stand Up*, 1973).

Marcus Garvey. Marcus Garvey, organiste à l'église, était un de ces rebelles les plus radicaux. Dans son île opprimée, où la ségrégation raciale régnait, les conditions de travail n'avaient pratiquement pas changé depuis l'abolition de l'esclavage. Né un an après l'abolition à Cuba (intervenue en 1886 seulement), Marcus Garvey, malgré ses origines très humbles, s'intéresse beaucoup à la lecture. Syndicaliste dans une imprimerie, il est délégué, organise des grèves et devient vite un grand orateur. Après avoir fondé un journal, il commence à voyager dans le monde entier, à partir de 1910, avec un seul but en tête : unifier les Noirs du monde entier. Ses pérégrinations vont l'appeler à rencontrer tous les leaders de la cause noire. Au lendemain de la Première Guerre mondiale, et jusqu'en 1922, il s'installe à Harlem. À l'époque la révolution russe bat son plein, et (à sa manière) il se rallie à la lutte des classes. Il soutient Hô Chi Minh, Gandhi, salue avec respect l'œuvre de Lénine, puis celle de Trotsky. Pourtant sa vision de la révolution est fondamentalement différente de celle des héros soviétiques. Tandis que Lénine considère comme essentielle l'unification de tous les travailleurs exploités, la théorie de Garvey passe par « la race d'abord », une doctrine nationaliste noire radicale. Cette position l'oppose aux mouvements intégrationistes de gauche, très actifs à l'époque. Garvey souhaite unifier les Noirs du monde entier, et réclame le droit au « rapatriement » en Afrique (au Liberia le plus souvent) des Afro-Américains. Il fonde alors une compagnie maritime, la Black Starline (clin d'œil à la White Starline, l'armateur du *Titanic* qui a sombré quelques années plus tôt...) et affrète des paquebots. Cette démarche ressemble beaucoup à celle des sionistes qui émigrent alors déjà en Palestine (l'odyssée de l'*Exodus*). Garvey n'aura sans doute pas d'équivalent au XXe siècle dans la lutte pour la liberté du peuple noir. Son mouvement, l'United Negro Improvement Association, organise des réseaux de « garveyites » dans le monde entier. Le père de Malcolm X, qui était pasteur et sera assassiné par le Ku Klux Klan en 1931, en fera partie. Les bateaux de Garvey étaient financés par des actionnaires noirs et desservaient toutes les Antilles, les États-Unis, se préparant ainsi à emmener un jour la diaspora africaine en Afrique. Après avoir prononcé des discours retentissants au Madison Square Garden, Garvey devient vite une cible du gouvernement des États-Unis, qui l'interdit de séjour et le renvoie en Jamaïque. Accusé d'escroquerie envers les actionnaires de la Black Starline, il sera brisé par ses nombreux opposants et mourra d'une crise cardiaque, le 10 juin 1940, à Londres, sans jamais avoir atteint son rêve : l'Afrique. L'histoire le vengera : d'abord rejeté dans son pays, il deviendra un peu plus tard le grand héros national jamaïcain, et un exemple retentissant dans toute l'île. Sa forte personnalité et son attitude revendicative sont typiques de la mentalité des Jamaïcains, un peuple à la fois très humain et très dur, inflexible, fier, arrogant, insoumis.

L'un des premiers rastas à chanter sa mémoire est Burning Spear, qui lui dédie son chef-d'œuvre, l'album *Marcus Garvey* (1975). Les Mighty Diamonds *(Them Never Love Poor Marcus*, 1976*)* et Culture *(Garvey Rock*, 1976, *Black Starliner Must Come*, 1978, *Down In Jamaica*, 1979*)* comptent aussi parmi ses admirateurs les plus fervents. La plupart des rastas le considèrent en fait comme le prophète qui a annoncé... l'arrivée du Messie. L'histoire de Marcus Garvey se trouve donc au cœur de la culture jamaïcaine, et plus particulièrement du reggae, qui deviendra le principal moyen d'expression de cette culture rebelle anticoloniale.

Le mouvement rastafari. Garvey parlait souvent de l'Éthiopie dans ses discours. Dans son principal ouvrage *Philosophy & Opinions*, il écrit : « Laissons le Dieu d'Isaac et le Dieu de Jacob exister pour la race qui croit au Dieu d'Isaac et de Jacob. Nous, les Nègres, croyons au Dieu d'Éthiopie, le Dieu éternel, Dieu le Fils, Dieu le Saint-Esprit, le Dieu de tous les âges. C'est le Dieu auquel nous croyons, et nous l'adorerons à travers les lunettes de l'Éthiopie. »

Son travail aux États-Unis fait beaucoup de bruit en Jamaïque, où la presse coloniale l'accuse de blasphème. Mais quelques années plus tard en Éthiopie, le 2 novembre 1930, Tafari Makonen, le Ras Tafari (*Ras* = tête, équivalent du titre de duc), est coiffé de la couronne sacrée du Négusa Negast (roi des rois) sous le nom de Haïlé Sélassié Ier (« Puissance de la Trinité »). Sélassié était déjà le régent du pays depuis 1916. Selon le livre sacré *Kebra Nagast (Gloire des Rois)* qui retrace l'histoire et les mythes de son antique dynastie, il est le descendant direct du roi Salomon et de la reine de Saba, appelée Makéda en Éthiopie.

Des dizaines de représentants prestigieux des pays occidentaux assistent au sacre très médiatisé de Sélassié. Du coup, l'empereur d'Éthiopie apparaît en couverture de tous les journaux. Un Noir en première page ! Cet événement est très remarqué, et particulièrement en Jamaïque bien sûr, où personne n'a oublié les déclarations de Garvey et où les sociétés secrètes, sectes et autres cercles chrétiens « éthiopianistes » contestataires de tout poil, pullulent. Lors de ce sacre, l'avènement de Sélassié est perçu par une communauté d'agriculteurs éthiopianistes de Sligoville (Jamaïque), le Pinacle, dirigée par Leonard Percival Howell (véritable fondateur du mouvement rastafari), comme accomplissement de la prophétie attribuée à Garvey et comme une révélation biblique. En effet, le « Roi des Rois, Seigneur des Seigneurs » (Thimothée 1, 6 : 15) de la Bible ressemble beaucoup aux titres traditionnels millénaires de Sa Majesté Impériale Haïlé Sélassié Ier : « Empereur d'Éthiopie, Roi des Rois, Seigneur des Seigneurs, Lion conquérant de la Tribu de Juda, élu de Dieu, Lumière de l'Univers ». Puisant à la fois dans le marxisme, le garveyisme, le christianisme, la culture africaine et plus tard l'hindouisme, Howell considère Sélassié (ou « Jah », un des noms hébreux de Dieu) comme le Messie et propose dès lors une interprétation afrocentriste de la Bible. Le rastafari est né !

La première communauté rastafarienne ne porte pas encore de *dreadlocks*, mais elle consomme et vend ses cultures maraîchères aux alentours, notamment le chanvre. Cette herbe forme des arbustes qui mesurent jusqu'à trois mètres de haut dans les conditions idéales de culture (soleil et proximité d'un étang). Elle sert à fabriquer des cordes, mais se fume aussi. Les colons britanniques l'ont importée d'Inde, où on l'appelle « ganja » quand elle y est façonnée en forme de pâte, de haschisch. Les Antillais appellent « ganja » le chanvre lui-même, et les Jamaïcains ont toujours raffolé d'en fumer, car une de ses propriétés est d'augmenter l'acuité auditive.

L'importance fondamentale de la musique dans la société jamaïcaine est assurément liée à cette consommation de ganja. Mais Howell et ses camarades lui donnent une valeur quasi mystique en la reliant à « l'herbe de la sagesse » qui poussait jadis sur la tombe de Salomon. Pour eux, cette herbe biblique n'est autre que du chanvre, et le calice de leurs vins de messe devient vite une pipe à ganja *(chalice)*. C'est pour toutes ces raisons que les Jamaïcains, et les rastas en particulier sont associés à la fumette, et que le reggae chante abondamment ses vertus. L'un des premiers à enregistrer sur ce thème est Count Ossie *(Herb I Feel*, années soixante*)*, suivi par King Stitt *(Herbman Shuffle*, 1969*)*, Bob Marley *(Kaya*, 1970*)*, Peter Tosh *(Legalize It*, 1976*)*.

Howell et sa communauté sont très mal vus par les autorités pour leurs pratiques « blasphématoires », du fait de leur rejet farouche de la culture et de la société coloniale. Howell est arrêté pour sédition en 1933, puis interné dans un asile à plusieurs reprises, alors que le Pinacle est dévasté maintes fois par la police. La dispersion violente des premiers rastas dans les années 1940 en pousse beaucoup jusqu'à la capitale. Véritables parias, incompris, martyrisés, ils s'installent essentiellement au bord de la mer, près du centre de Kingston, dans le quartier ouest de Back-a-wall, où ils construisent un bidonville. Leurs conditions de vie sont très difficiles.

Différents mouvements éthiopianistes de libération, parfois menés par des farfelus comme Prince Emmanuel Edwards, fondateur de la future communauté Bobo des chanteurs enturbannés Sizzla et Anthony B durant les années 1990, se développent parallèlement en Jamaïque. Les Bobos se promènent avec un balai (puis un bâton de pèlerin) pour montrer qu'ils sont propres. Ces sectes « éthiopianistes » se tournent vers les cultures africaines, taboues dans la société coloniale qui les considère encore comme païennes, tout juste bonnes à évangéliser. Leur révérence envers l'empereur d'Éthiopie, anciennement le ras Tafari, leur donne peu à peu un nom générique : Rastafari.

Dans les années 1970, Bob Marley déclarera, lors d'une conférence de presse : « Le Christ a promis de revenir au bout d'environ deux mille ans. Il a dit qu'à son retour il serait le roi des rois, le seigneur des seigneurs, le lion conquérant des tribus de Juda sur les terres du roi Salomon et du roi David. Toute ma vie j'ai vraiment cherché à savoir si Dieu existait. Et comme je ne suis pas du tout raciste, je l'ai cherché partout. J'ai regardé en Europe, en Afrique, partout. Quand j'ai regardé en Éthiopie j'ai vu un homme qu'on appelle le roi des rois, le seigneur des seigneurs, le lion conquérant des tribus de Juda sur les terres du roi Salomon et du roi David. Exactement comme dans la Bible ! [...] Alors quand j'ai entendu cette révélation du roi des rois qui revenait des terres des rois David et Salomon, j'ai su que c'était vraiment le retour du Christ. Le vrai nom de Haïlé Sélassié, c'est rasta. Alors nous sommes le peuple des rastas. »

À la recherche de leur fierté bafouée, les rastas afro-jamaïcains réinterprètent leur culture. Ils se basent toujours sur la Bible, fondement de la culture omniprésente aux Antilles et font le lien entre divers éléments africains qu'elle contient, à commencer par la mystique et la liturgie orthodoxe éthiopienne. Les rastas cherchent d'abord à montrer qu'ils peuvent se passer de la puissance coloniale raciste, ainsi que de la minorité chinoise qui contrôle une bonne partie de l'économie jamaïcaine. Fondamentalement communautaristes, ils aspirent à une autonomie qui symbolise pour eux la survie. Ce nationalisme noir, souvent mâtiné de séparatisme, s'oppose donc dans ses principes à l'intégration. Leur équivalent américain actuel (en quelque sorte) se retrouve dans l'islam des « musulmans noirs » de Louis Farrakhan. Mais la situation est cependant différente en Jamaïque, où la masse des rastas ne se préoccupe pas des enjeux politiques, et se contente d'une foi inébranlable en cette culture syncrétique. Ainsi, les attitudes des individus se réclamant du peuple rasta vont du racisme le plus primaire (en très nette minorité), issu d'une oppression séculaire, à une philosophie universaliste où la recherche de sa propre identité, de son acceptation, de la tolérance et de la nature humaine rejoint les philosophies et ascèses orientales.

De nombreuses et différentes tendances rastas cohabitent en Jamaïque (Bobo Ashanti, Jesus Dread et Ites, notamment) avec des théories parfois contradictoires. L'organisation des Douze Tribus d'Israël essaiera à partir des années 1970 de fédérer les tendances de ce mouvement foncièrement anarchique. À cette époque, la position emblématique que prend Bob Marley (dont le père était blanc) contribue à inciter certains rastas à plus de mesure vis-à-vis de la couleur de la peau. Comme le chantera Marley en citant Haïlé Sélassié Ier, « tant que la couleur de la peau d'un homme aura plus de signification que celle de ses yeux, partout sera la guerre ».

Le mouvement rasta incarne à la fois une radicalité théorique, un pacifisme et une sagesse bienvenus qui tempèrent les graves dérives des ghettos livrés à eux-mêmes.

Pacifiques mais fiers, les rastas dénoncent toujours la société « païenne » (et les chrétiens au premier chef), symbolisée par Babylone, et répandent leur culture végétarienne dans le monde entier. La foi rasta permet avant tout à beaucoup de Jamaïcains pauvres de donner une dignité et un sens à leur vie difficile, en restant ancrés dans leurs racines africaines. L'idée de base est « d'être soi-même » et de « se connaître ». C'est aussi un des messages du reggae.

Chapitre 2

Les musiques traditionnelles

Le quadrille, venu de France au début du XIXe siècle, est longtemps très populaire aux Antilles, chez les Noirs comme chez les Blancs. Il est dansé par des couples qui se font face en carré. Dans sa forme populaire, le quadrille est appelé « square dance » aux États-Unis. Un maître de cérémonie, appelé commandeur en Martinique, dirige les danseurs et leur indique oralement les figures à exécuter. Il anime la danse en faisant des commentaires divers. On trouve déjà chez lui l'embryon des DJ-toasters jamaïcains, fils spirituel des griots, sorte de proto-animateur d'une radio d'un autre âge. Ces commandeurs, rappeurs avant la lettre, marquent profondément la Jamaïque du XXe siècle. Comme les « toasters », futurs DJ des sound systems des années soixante, ils relancent la danse. La façon dont elle se déroule nourrit leur inspiration lyrique.

Les groupes de « fife and drums » (flûte et tambours européens) traditionnels du XVIIIe siècle jouaient encore le quadrille après la Seconde Guerre mondiale. Leur répertoire incluait des rythmes de marches militaires et des morceaux de la tradition folklorique locale, le « John Canoe » ou « Jonkanoo ». Lors des carnavals de Noël, un peu partout aux Antilles, les participants se déguisent avec des costumes de toutes les couleurs et dansent furieusement le jonkanoo sur des rythmes frénétiques que l'on retrouvera en partie recyclés dans le ragga numérique dès les années 1980. Comme le constate le légendaire Sly Dunbar, un batteur jamaïcain mondialement célèbre (Sly & Robbie) : « Dans le reggae on fait toujours du vieux avec du neuf. Je remets à la mode des vieux rythmes. Je n'invente rien. Tout vient du passé. »

Partout en Jamaïque des rythmes africains ont survécu. Le 1er août 1838, trois cent onze mille Jamaïcains, alors esclaves, sont libérés dans la joie. Cependant les traditions subsistent : les chants de travail continuent de planer sur les plantations. L'un d'eux, *Ziambey*, sera par exemple mis à jour en reggae avec le fameux *Zungguzungguguzungguzeng* de Yellowman en 1984.

La Jamaïque du XIXe siècle vit aussi au son des berceuses, des comptines et chants enfantins d'essence africaine, et toutes sortes de traditions folkloriques. Parmi elles, le « Revival Zion » et la Pocomania, rites syncrétiques, apparus après l'abolition de l'esclavage pendant la période dite du « Great Revival », font penser au vaudou haïtien et mélangent des pratiques animistes africaines à des éléments chrétiens : claquements de mains, tapements de pieds, et bientôt grosse caisse, tambours, cymbales, grattoirs et percussions diverses. On entendra cette influence sur les premiers enregistrements des Maytals dès le début des années soixante.

La magie noire jamaïcaine, l'obeah (vaudou local), est illégale en Jamaïque car elle est souvent utilisée pour terroriser et manipuler les gens crédules.

Le mento. Au XXe siècle, chaque île des Caraïbes impose ses styles et fait danser le monde sur ses rythmes : le merengue dominicain, le compas haïtien, le calypso trinidadien, le son cubain, le zouk guadeloupéen, etc.

En Jamaïque, la musique « folklorique » et traditionnelle se nomme le mento. Elle est composée d'un mélange des influences européennes, bantoues et ouest-africaines. Le mento a une identité jamaïcaine propre par ses rythmes 4/4 sophistiqués, plus doux, bien différents de ceux du calypso (2/2), et par son répertoire original, qui est d'ailleurs complété par des classiques du calypso trinidadien joués à la sauce mento. Les deux termes sont interchangeables dans l'île, notamment en raison de la vogue internationale pour le calypso qui commence au début des années cinquante avec Harry Belafonte à New York.

Les chanteurs de mento des campagnes venaient chercher fortune à la ville, où les hôtels internationaux les employaient. Les Hiltonaires ont enregistré plusieurs albums chez Studio One dans les années soixante. Ce trio vocal habitué de l'hôtel Hilton (d'où son nom !) portait des chapeaux de paille « typiques » de paysan, des chemises larges très colorées, des pantalons blancs trop courts laissant apparaître les mollets, et des sandales ou mocassins à la mode jamaïcaine, c'est-à-dire sans chaussettes. Ils utilisaient un banjo, une guitare sèche, des maracas et des congas, et chantaient des harmonies tropicales sucrées qui vantaient les jolies filles, le soleil et les bons fruits jamaïcains.

L'une de ces exquises chansons, *Island In The Sun*, donnera son nom à une nouvelle d'Alec Waugh (1957) dont sera tiré un film à succès. C'est aussi de là que vient le nom des disques Island (de Chris Blackwell), qui feront découvrir le reggae au monde entier.

Les chansons paillardes (« slack ») sont aussi de rigueur et font rigoler l'assistance. Le classique *Big Bamboo*, repris en reggae par Yellowman en 1984, est une « subtile » chanson paillarde basée sur une métaphore du meilleur goût : parallèle entre un « gros bambou » et le sexe masculin de l'interprète, tant apprécié par les dames. Le machisme, très pratiqué dans l'île, est d'ailleurs un thème que l'on retrouvera abondamment dans le reggae et le ragga...

Les groupes de mento jouent aussi du « piano à pouces » (« thumb piano » – ou « rhumba box », héritière du kalimba africain), une grosse caisse de bois où sont fixées quelques larges plaquettes de métal dressées en l'air. Elles vibrent en résonnant sous les ongles des pouces, produisant des basses puissantes, véritable avant-goût du reggae. On retrouve aussi dans certains rythmes mento les rythmes de guitare syncopés qui deviendront la marque du reggae.

Le mento représentait pour les touristes une touche folklorique locale. Il est aujourd'hui souvent associé à la mentalité coloniale qu'il reflète, et que les rastas dénoncent. Les interprètes essayaient de perdre leur accent prononcé pour qu'on les comprenne bien (il faut dire que le créole local, le patois, est particulièrement gratiné !). Si les chanteurs de mento font depuis longtemps partie des traditions touristiques, c'est cependant une musique jamaïcaine traditionnelle qui a ses lettres de noblesse.

Les premiers enregistrements de mento, réalisés par Stanley Motta dès 1951, étaient destinés à concurrencer le calypso. Mais l'épisode mento a été un faux départ pour l'industrie du disque jamaïcaine : les jeunes préféraient le rhythm & blues américain, plus branché et plus dansant. La révolution ska n'était pas loin...

Nyahbinghi. En 1948, l'année de la naissance de l'album (le trente-trois tours en vinyle), un des premiers rastas, Oswald Williams (mars 1926-octobre

1976), dit Count Ossie, fonde une sorte de centre culturel rasta à l'est de Kingston (Renock Lodge, Wareika Hill). Alors que Cheikh Anta Diop vient de fonder la revue *Présence africaine* à Paris, Count Ossie est à la tête d'un groupe de percussions spécifiquement rastas, qui va jouer des chants traditionnels tout au long des années cinquante. Le style particulier de cette formation prend le nom de « nyahbinghi ». Le tambour basse, à plat au sol, est frappé d'un maillet doux, le « fundeh », long et fin, en métal et peau de bouc, et le petit « repeater » en peau de brebis. Le titre du morceau *Nyah Bongo* (1966) contient le terme « bongo » ou « binghi » (tambour frappé avec les mains). Mais il renvoie aussi au nyahbinghi, ce culte syncrétique de l'eau magique censée changer en eau les balles des colons ennemis lors du soulèvement des Maji-Maji au Tanganyika en 1905-1907, puis en Ouganda en 1934, et lors du mouvement du Saint-Esprit qui mènera Jomo Kenyatta au pouvoir au Kenya en 1956.

Linton Kwesi Johnson, le poète du dub, raconte : « Le tambour rasta est issu de deux styles de tambours africains qu'on retrouve en Jamaïque : le « bourrou » de la région de Clarendon, et celui de St. Catherine. Le style rasta vient du « bourrou » de St. Catherine et du « kumina », un tambour qu'on retrouve à Saint-Thomas, à Portland, et qui a été apporté en Jamaïque par des esclaves africains, dont la majorité venait du Congo et d'Angola. Ils ont amené le « kumina » en Jamaïque : c'est un culte religieux qui se rapporte à la guérison et à la possession par les esprits. Tu as aussi l'« ettou », qu'on trouve dans la paroisse de Hanover, ou le « gerere ». Tous ces rythmes, dans une certaine proportion, empiètent sur les tendances rythmiques de tout musicien qui joue de la musique populaire. Le peuple de Jamaïque n'a pas eu de radio avant les années cinquante. Et donc la musique jouée en public était très importante. »

Les meilleurs musiciens de jazz de l'île viennent apprendre les rythmes ancestraux chez Count Ossie et intègrent cette influence déterminante au cours des années cinquante. Tous joueront du reggae par la suite. Le fameux tromboniste Rico Rodriguez rejoint la communauté en 1953. Le groupe d'Ossie deviendra le Mystic Revelation of Rastafari (vingt personnes). Dès la fin des années cinquante, leur démarche nyahbinghi est imitée, notamment par Ras Michael & The Sons of Negus. Count Ossie et ses musiciens deviendront des symboles culturels jamaïcains et joueront dans le monde entier. Leurs deux albums, *Grounation* et *Tales Of Mozambique* (1975), restituent la puissante réalité des cérémonies rastas originelles, les « grounations » (où le calice de ganja est passé vers la gauche), avec le concours des meilleurs musiciens locaux de jazz moderne (dont Cedric « Im » Brooks). Bob Marley enregistrera en 1968 un des premiers manifestes rastas, *Selassie Is The Chapel*, sur une musique purement nyahbinghi (avec Ras Michael). Il mettra de nouveau en scène son aura de prophète avec *Rastaman Chant* (1973) puis *Time Will Tell* (1978). Plusieurs autres artistes rastas, comme Culture *(So Long Babylon A Fool I (and I),* 1976*)*, enregistreront dans ce style de percussions. Avec la vague « new roots » de 1995, le nyahbinghi donnera le rythme reggae connu sous le nom de Kette Drum (Buju Banton *Til I'm Laid To Rest*, 1995, Coco Tea, *Holy Mount Zion*, 1999).

Chapitre 3

Jazz, rhythm & blues et sound systems

Après la Seconde Guerre mondiale, des milliers de Jamaïcains commencent à émigrer en Grande-Bretagne. De violentes émeutes se déroulent à Kingston en 1946, deux ans après les premières élections au suffrage universel. Le jazz et le rhythm & blues déferlent soudain sur les villes en ébullition. Les rares personnes équipées d'une radio captent les stations de Floride, de Louisiane, du Tennessee. Surgissent alors de grands orchestres très populaires, comme ceux du saxophoniste Val Bennett (qui enregistrera beaucoup de reggae plus tard) et d'Eric Dean, qui engagera dans son groupe le grand guitariste et futur arrangeur de reggae Ernest Ranglin et le tromboniste des futurs Skatalites, le légendaire Don Drummond (« le tromboniste préféré d'Ella Fitzgerald »). D'excellents musiciens, comme Arthurlin « Joe » Harriott, Harold McNair, Wilton « Bogey » Gaynair, « Dizzy » Reece, « Sonny » Grey ou Noel Gillespie partent pour les États-Unis, où ils se font vite un nom dans le milieu du jazz moderne. La majorité des jazzmen jamaïcains (futurs musiciens du ska/reggae) comme Tommy McCook, Joe Harriott, Wilton « Bogey » Gaynair, Don Drummond, Lester Sterling, « Dizzy » Johnny Moore, Rico Rodriguez, puis les reggaemen Leroy Smart et la vedette du film *Rockers* Leroy « Horsemouth » Wallace (qui deviendra batteur de Pierpoljak en 1998) ont les mêmes racines. Ils sont presque tous issus de l'école Alpha, une pension catholique très stricte pour orphelins et jeunes délinquants où on apprenait la musique.

Comme un peu partout dans le monde, les disques sont d'abord apportés par les soldats américains basés à Kingston pendant la Seconde Guerre mondiale. Comme aux États-Unis, le rhythm & blues est joué par des musiciens de jazz, et l'élégance associée à cette nouvelle identité noire ouvre des horizons nouveaux jusque dans les plus durs ghettos de la Jamaïque. Elle permet aux musiciens de cette île perdue d'exprimer leurs sentiments avec force et de se placer sur le même terrain que le géant nord-américain. Le rhythm & blues est joué le soir en plein air dans des espaces verts en ville, les « lawns ».

Les radios attirent les clients dans les lieux publics grâce au rhythm & blues, au jazz et au style country & western, lui aussi populaire dans l'île. Mais les vraies vedettes sont les animateurs de ces radios et leurs expressions d'argot « jive ». Au début des années cinquante, les quarante-cinq tours en vinyle apparaissent, et les sonos commencent à faire pas mal de bruit... C'est le début des sound systems. Les Jamaïcains peuvent désormais aller danser à bas prix un peu partout (alors que les orchestres de swing ou de mento sont plus chers).

Les « sounds ». Les premiers « sounds » de Jamaïque s'appellent Goodies' (le premier), puis Count Nick The Champ, Count Smith & The Blues Blasters, Count Joe, et Tom The Great Sebastian. La concurrence est sauvage. Du coup les programmateurs *(selecters)* arrachent les étiquettes de leurs disques *(labels)* pour que leurs concurrents ne puissent jamais connaître le nom des morceaux et se les procurer. Dès 1950, Winston « Count Machuki » Cooper passe des disques chez Tom The Great Sebastian. À cette époque le gros costaud Arthur « Duke » Reid devient propriétaire du sound le plus populaire des rues de Kingston. Ancien flic, il se balade avec plusieurs pistolets dans la ceinture et un ceinturon de cartouches bien en évidence, ce qui lui assure le respect dans les dangereuses nuits blanches de la ville. Reid tient avec sa femme un négoce d'alcool et emploie des voyous pour saboter le matériel des concurrents ou provoquer des bagarres. Sa sono mobile prend le nom du modèle de sa camionnette Bedford : The Trojan (un cheval de Troie qui deviendra en 1967 le nom de la célèbre marque de disques anglaise spécialisée en musique jamaïcaine. Prononcer « Trod'jeune » à l'anglaise, et non un risible « Troïane » !).

On écoute l'irrésistible et jazzy Louis Jordan (son brûlant *Choo Choo Ch'Boogie* est presque un ska avant l'heure), l'orchestre des Griffin Brothers ou de T-Bone Walker, des petits groupes chauds comme ceux de Ruth Brown, James Wayne, Amos Milburn, Big Joe Turner, des rockers de La Nouvelle-Orléans comme Smiley Lewis ou Fats Domino. Le rock *Bloodshot Eyes* (1951) de Wynonie « Mr. Blues » Harris fait un malheur en Jamaïque et aux États-Unis. La nation tout entière vit déjà au rythme trépidant du rock & roll, des années avant que cette excitation magique n'enflamme l'ensemble des États-Unis avec le rock blanc. Et bientôt Clyde McPhatter, Little Richard, Lavern Baker ou Chuck Willis sont des superstars dans l'île aux pirates.

Le style des artistes de La Nouvelle-Orléans, très varié, souvent syncopé, est particulièrement prisé dans l'île et devient vite une influence majeure sur le rhythm & blues local. Des chanteurs de ballades jazzy comme Nat « King » Cole ont des légions d'admirateurs (et d'admiratrices) qui écoutent leurs airs préférés sur les puissantes sonos des sound systems.

En 1954, après un voyage à New York, un certain Clement Seymour Dodd installe à Kingston sa sono jazz et rhythm & blues « Sir Coxson The Downbeat » (du nom d'un champion de cricket anglais du Yorkshire, Alec Coxon, et du magazine de jazz *Downbeat*). Le baffle est d'abord placé devant le Dodd's Liquor Store, un bar tenu par sa mère. Dodd est un malin, et un grand amateur de jazz (be-bop surtout), de boogie-woogie, de merengue et de rhythm & blues. Il a rapporté quelques disques de New York, et son père docker lui en déniche d'autres grâce à ses copains marins américains. S'il n'a pas encore l'argent et le matériel de Duke Reid, il est bien déterminé à lui piquer sa clientèle grâce à sa précieuse discothèque. Il engage Count Machuki, le *selecter* vedette du *sound* Tom The Great Sebastian (à qui il emprunte aussi Prince Buster, un boxeur amateur du quartier et sa bande de loubards, qui assurent la « sécurité »).

La nuit de Pâques, Machuki s'empare brusquement du micro qui sert à présenter les morceaux. Comme les disc-jockeys (DJ) qui relancent et commentent les morceaux à la radio, Machuki s'aventure à ajouter quelques rimes et bons mots dans le rythme. La foule adore. Très vite, il développe un style vocal personnel en s'inspirant de l'argot *jive* du jazz qu'il puise dans un magazine. Il crée aussi les « peps », percussions avec la bouche. Dodd lui souffle des idées, et son sound system ne désemplit plus. La concurrence pousse aussitôt d'autres disc-jockeys à copier les interventions vocales de Count Machuki. Avec ce précurseur historique, les DJ jamaïcains créent un genre à part, qui annonce le rap. Tous les éléments convergent : la tradition du « commandeur » des quadrilles jamaïcains, l'influence des disc-jockeys de la radio américaine, le conteur africain, et des éléments du style « scat » alors en vogue dans le jazz (solos de chant, mais sans paroles). On trouve différentes expériences proches du rap dans la musique afro-américaine des années cinquante, de Louis Jordan à Bo Diddley *(Say Man*, 1959), et même dans le gospel jazz du Golden Gate Quartet des années trente. Mais ce phénomène jamaïcain va plus loin et préfigure le hip-hop en tant que culture de rue. Techniquement, on trouve déjà l'idée d'un accompagnement avec des disques instrumentaux, des soixante-dix-huit tours puis certains des premiers quarante-cinq tours existants (du jazz ou du rock & roll). Le statut de DJ de l'interprète, qui n'est même pas un chanteur « officiel » mais un bricoleur-baratineur venu d'un ghetto, l'utilisation d'un micro et d'un tourne-disque confortent cette idée que le rap moderne est né en Jamaïque. Sur les dancehalls de Kingston on est déjà dans un contexte entièrement DJ. Depuis cette époque, le terme « DJ » (ou « deejay ») désigne en Jamaïque la personne qui tient le micro (le programmateur est le *selecter*). Le « DJ style » est donc une nouvelle forme de chant, reconnue là-bas depuis au moins 1954 et introduite à New York plus tard.

Les danseurs. Les meilleurs danseurs de l'île viennent exécuter de véritables numéros dans leurs dancehalls préférés. Quarante ans plus tard, cette pratique n'aura pas changé. L'un d'entre eux, Lee « Scratch » Perry, raconte : « Ceux qui allaient à Clarendon revenaient toujours avec de beaux habits, avec des bicyclettes. Ils y travaillaient. Alors avec un pote on y est allés et j'ai bossé sur les routes quelques mois. Je suis revenu avec un vélo et de belles fringues. J'allais toujours aux bals, et en vélo ça allait bien plus vite. Avec mon copain, on faisait tous les concours de danse. C'est comme ça que je suis devenu champion de danse. Number one. On m'appelait « The Neat Little Thing » ! « The Neat Little Man ». C'est comme ça que je me suis branché sur la musique. Pour gagner, il fallait que je fasse des tours, des trucs marrants. On dansait sur des choses folles. C'était avant le rock & roll. C'était le boogie-woogie, le blues, et le jazz. On aimait les danses vraiment très sauvages. » À la fin des années cinquante, Perry deviendra homme à tout faire du sound system Sir Coxsone, l'un des plus importants. Plus tard, il deviendra un des plus illustres producteurs jamaïcains. Des danseurs comme Alton Ellis (sa sœur Hortense chante déjà) participent aux concours de danse des galas.

En 1954, la communauté rastafarienne du Pinacle est rasée par la police. Les rastas désemparés s'installent en général dans les squats de Dungle, ou dans le ghetto de Trench Town, et à Back-a-Wall tout proche, où le percussionniste Count Ossie fréquente la « communauté Bourrou ».

La guerre des sounds. Le rhythm & blues, dont le nom est connoté « musique noire » est rebaptisé rock & roll pour mieux vendre au public blanc. En 1956, Elvis Presley, qui chante beaucoup de rhythm & blues accompagné par ses musiciens de hillbilly, est consacré « roi du rock » après avoir créé l'hybride rockabilly. Pendant ce temps, les « blues dances » des sound systems font fureur en Jamaïque. En 1955, le *selecter* Duke Vin monte déjà le premier sound jamaïcain à Londres, où les immigrés affluent, à la recherche de travail. Les sounds de Kingston rivalisent de talent. Clement « Coxsone » Dodd, « Duke » Reid (et son DJ Cuttins) et Vincent « King » Edwards (avec Red Hopeton au micro) s'affrontent pour la première place. Des DJ comme Sir Lord Comic ou King Sporty prennent de l'importance. Le Trojan de Duke Reid est consacré « roi du sound and blues » par le public de 1956 à 1958, suivi par King Edwards en 1959 (grâce notamment à ses baffles aux basses plus puissantes).

En 1956, Winston George « King Stitt » Sparkes devient l'assistant de Count Machuki chez Sir Coxsone. Né avec un visage difforme, hideux, il devient une sorte d'attraction de foire. Mais derrière ce physique peu enviable se cache un fabuleux mélomane. « En 1962, j'ai été couronné roi des disc-jockeys par le public. De mon temps on sélectionnait les disques, on les passait et on disait du « live jive », des sons, mais on ne parlait pas sans arrêt, comme les DJ maintenant. On laissait de la place à la musique. »

En 1959, le videur Prince Buster a déjà quitté Sir Coxsone. Il a monté son propre sound system « Voice Of The People », qu'il anime lui-même au micro. Il prendra vite une place essentielle. Parallèlement, le rhythm & blues jamaïcain se développe. Il consiste souvent en des ballades en duo ou des numéros d'imitation dans des spectacles de variétés (la future vedette du ska Derrick Morgan, quinze ans, gagne un concours en imitant Little Richard !).

Chris Blackwell. Le rock & roll/rhythm & blues tant apprécié se fait rare, remplacé par la soul de Sam Cooke ou Ben E. King, plus douce. Du coup, la demande de « hard rhythm & blues » augmente. D'origine syrienne, Edward Seaga, qui sera élu Premier ministre (proaméricain) en 1980, comprend que l'avenir est là et fonde West Indies Records (WIRL) en 1958.

Un autre Jamaïcain blanc, Chris Blackwell, pointe le bout de son nez. Chris Blackwell s'inscrit dans la tradition des grands producteurs euro-américains d'origine juive qui ont fait connaître la musique afro-américaine : Leonard et Phil Chess (le fameux label Chess), Phil Spector (et son « mur du son ») ou Ahmet et Nesuhi Ertegun (Atlantic). La mère de Blackwell est héritière d'une famille juive jamaïcaine riche et respectée, les Lindo, négociants en sucre venus du Portugal au XVIIe siècle. Son père est un cousin éloigné des propriétaires des conserves Crosse & Blackwell. Après des études au très huppé collège anglais de Harrow, le play-boy Chris Blackwell refuse la carrière de gestionnaire qui l'attend. Il est passionné de jazz et veut devenir joueur professionnel. Il essaie plusieurs métiers et, après avoir été sauvé par des rastafariens (alors très craints dans l'île) lors d'un naufrage, il oriente brusquement sa carrière vers la musique. Enregistré au studio d'une des deux radios de l'île, RJR, l'album de jazz *Lance Hayward At The Half Moon* (1959) sortira bientôt sous la marque Island.

Il continue en enregistrant Owen Gray et Jackie Edwards et fonde la marque R & B en 1958. Peu après, il enregistre le fameux *Boogie In My Bones* de Laurel Aitken, énorme succès dans l'île. La marque anglaise Starline publie aussitôt les tubes jamaïcains, et les vend aux émigrés. En Jamaïque, les disques ne sont pas encore fabriqués, et les sounds diffusent surtout de précieuses gravures en acétate, les « dub plates ». Blackwell, qui achetait des disques de jazz et rhythm & blues aux États-Unis pour Sir Coxsone depuis longtemps (il arrachait lui-même les étiquettes pour être le seul à pouvoir en retrouver d'autres), grave à Miami ses propres productions et celles de « Coxsone » Dodd dès 1959. Les enregistrements sont ainsi testés sur les pistes des dancehalls avec les gravures, ou « dub plates ». Cette pratique de tests ne cessera plus, et seuls les succès seront pressés.

Il ne vient pas à l'esprit de Clement Dodd que ses enregistrements puissent être rentables sous forme de disques. Il faut attendre 1959 pour que de véritables quarante-cinq tours (des morceaux déjà testés sur le public dans les sounds) soient enregistrés en Jamaïque par Dodd et Reid, et soient fabriqués. Ces disques permettent aux juke-boxes de se répandre dans tout le pays. Duke Reid publie lui aussi un disque en 1959. L'industrie musicale jamaïcaine est née. Elle produira en quarante ans plus de cent mille disques, un record qui exprime l'importance centrale et cruciale de la musique dans la culture de l'île. Theophilus Beckford, Derrick Morgan, Lord Creator, les Blues Busters, Lascelles Perkins, Alton Ellis sont quelques-uns des premiers créateurs d'un rhythm & blues jamaïcain appelé le R & B, qui oscille entre le boogie-woogie lent et les ballades en duo, très appréciées du public.

Comme disait Bob Marley : « L'Amérique est si proche de la Jamaïque qu'elle a un peu déteint. La musique jamaïcaine vient de là, et du calypso, de la musique cubaine, du merengue et des musiques latines. »

Le shuffle jamaïcain. Laurel Aitken, qui sera adulé par les skinheads anglais dix ans plus tard, grave des boogies lents où il chante l'alcool et les femmes. Mais il enregistre aussi des morceaux privilégiant les thèmes de l'Ancien Testament, proches de ceux que les rastas mettront en musique avec le reggae. Les jazzmen légendaires qui créent ces boogie-woogies continueront à enregistrer du ska, du rock steady et du reggae au fil des années. On retrouve déjà les pianistes Aubrey Adams, Cecil Lloyd, Theophilus Beckford et Monty Alexander, les trombonistes Don Drummond et Rico Rodriguez, le saxophoniste Roland Alphonso, les trompettistes Oswald « Baba » Brooks et « Dizzy » Johnny Moore, le contrebassiste Cluett Johnson, le batteur Arkland « Drumbago » Parks et le guitariste Ernest Ranglin. Dès 1959, Clement Dodd décide d'enregistrer un style différent, plus proche du « shuffle » qui fait la gloire de Bill Doggett et Louis Jordan aux États-Unis. À peine plus lent que le ska qu'il annonce, le shuffle jamaïcain est marqué par une influence mento, des accords mineurs, et plusieurs titres font déjà allusion à l'Afrique (Rico & His Blue Boys, *Soul Of Africa* produit par Prince Buster l'année suivante).

Chapitre 4

Le ska

En 1960, le congrès américain adopte la loi sur les droits civiques, qui donne enfin le droit de vote aux Noirs. La tension monte, car la loi n'est pas toujours appliquée dans les États du Sud.

Chef de bande, boxeur, chanteur, DJ, percussionniste, producteur et négociant en disques dans son « Record Shack », Cecil « Prince Buster » (« Prince Brise-Tout ») Campbell va devenir le musicien jamaïcain le plus important des années soixante. Il personnifiera la maison de disques « à la jamaïcaine », où un seul homme contrôle toute la production, de la création et de l'interprétation des morceaux à la distribution, en passant par leur promotion. Prince Buster commence à s'imposer dès 1960 avec *Oh Carolina* des Folks Brothers, où les percussions nyahbinghi de Count Ossie apparaissent sur disque pour la première fois. Ses productions sont vite publiées en Angleterre par les marques d'Emil Shallit : Fab, Melodisc, Dice et Blue Beat. D'autres marques anglaises spécialisées en musique jamaïcaine apparaissent au même moment : R & B (un petit magasin en association avec Blackwell), Ska Beat, Planetone, Rio. Un nouveau sound system, le Metro Downbeat, fait sensation à Londres. En Grande-Bretagne en effet, les immigrés jamaïcains ont pour habitude d'organiser des fêtes chez eux en fin de semaine. Ces « blues parties » sont très populaires et vont se perpétuer au fil des décennies. Le principe est simple : on pousse les meubles du salon, on fait payer l'entrée et les boissons alcoolisées que l'on consomme au son du rhythm & blues, du jazz, du shuffle, et du boogie. Une nouvelle musique jamaïcaine, le ska, se dégage peu à peu de ces styles. La syncope (croche) du boogie, ou contretemps, est accentuée au point de devenir le temps fort du rythme. Le poète anglo-jamaïcain du dub, Linton Kwesi Johnson, raconte :

« On peut isoler le jeu à contretemps de la guitare, que l'on peut entendre dans le mento avec le banjo, le ska, et qui correspond aussi au contretemps dans le rhythm & blues et en particulier dans le piano boogie-woogie. C'est le « beat » entre les temps, c'est le un ET deux ET trois ET... C'est le ET ! Tu le retrouves dans toutes nos musiques, le reggae, le calypso, le mento, la musique de la Martinique, de la Guadeloupe, tu le retrouves dans le highlife au Ghana, et dans le merengue haïtien. De plus, cette attirance vers l'« afterbeat » se retrouve dans les églises. » Cette syncope devient spécifique au ska, et plus tard au rock steady puis au reggae.

Les solos de cuivres jazz ajoutent une couleur particulière au shuffle/ska, souvent instrumental. L'importance de la basse, très en avant, se mélange à l'arôme caribéen du merengue, du calypso et du mento local. Fin 1960, le ska se distingue clairement du style rhythm & blues boogie à la jamaïcaine. Le jeune chanteur Derrick Morgan rejoint Prince Buster. Buster n'a pas les moyens de se rendre aux États-Unis pour acheter le rhythm & blues qui fait la gloire des grands sounds de Sir Coxsone, King Edwards ou Duke Reid. Il comprend que sa seule chance est d'accentuer l'identité jamaïcaine de sa musique et de se démarquer du rhythm & blues, comme son ancien patron

Coxsone le fait au même moment. Avec un élève d'Ernest Ranglin, Jerome « Jah Jerry » Hinds à la guitare rythmique, Buster enregistre treize morceaux de Derrick Morgan, treize classiques. Au même moment, la chanteuse sud-africaine xhosa Myriam Makeba, exilée à New York, publie son premier grand succès américain, *Pata Pata,* qui sera repris en Jamaïque, notamment par Patsy accompagnée par Count Ossie. D'autres producteurs, comme l'excellent chanteur de soul Derrick Harriott, font leur apparition.

Jimmy Cliff et Toots & The Maytals. En 1961, les premiers grands succès de Derrick Morgan (dont *Shake A Leg, Lulu*) incitent un restaurateur jamaïcain d'origine chinoise, Leslie Kong, à se lancer dans l'industrie du disque qui se développe rapidement.

Fin 1961, Kong reçoit la visite de James Chambers, treize ans, qui a déjà enregistré des dub plates pour les sounds de Count Boysie et Sir Cavaliers. Le môme lui propose une chanson écrite en l'honneur de sa femme Beverley, qui a donné son nom au restaurant de Kong. Le « Chiney man » l'envoie chercher Derrick Morgan, qui va graver de nouveaux classiques pour sa nouvelle marque bientôt légendaire, Beverley's. Quant au vagabond à peine arrivé de la campagne, il enregistre *Dearest Beverley* et *Hurricane Hattie*. Ces morceaux, deux gros succès du ska, sont publiés sous le nom de Jimmy Cliff.

La même année, Frederick « Toots » Hibbert, venu de la petite ville de May Pen, fonde avec Nathaniel « Jerry » Mathias et Henry « Raleigh » Gordon le trio vocal des Maytals, du nom de son patelin. Toots est garçon coiffeur à Kingston. Il chante à longueur de journée en coupant les cheveux de ses clients. Toots a passé son enfance à chanter le gospel avec ses quatre sœurs dans une église rurale, et sa voix dégage une intensité et une énergie spirituelle qu'aucun Jamaïcain n'arrivera jamais à égaler. Après différentes auditions à Kingston, les Maytals sont engagés par Clement Dodd. L'émouvant *6 & 7 Books Of Moses* est réalisé par l'assistant de Dodd, Lee « Scratch » Perry, qui insuffle le puissant ska aux envolées rhythm and gospel des Maytals. Dodd publie un premier album, *All Star Top Hits*, une compilation de ses succès, tous enregistrés au studio Federal.

Pendant ce temps Prince Buster multiplie les succès, notamment avec son *Madness* (« Is Gladness ») qui donnera son nom à un célèbre groupe pop anglais en 1979.

Un certain Robert Marley. Les productions Beverley's de Derrick Morgan dominent la scène ska. Chris Blackwell fonde les disques Island à Londres le 8 mai 1962 (et bientôt les marques Black Swan et Jump Up). Blackwell a compris que le véritable marché était en Angleterre, où les milliers d'émigrés sont bien plus riches que les autochtones jamaïcains. Blackwell ne possède pas de sound system. Il juge donc inutile de concurrencer les belliqueux Duke Reid, Prince Buster et Sir Coxsone. Au contraire, il va vite distribuer les productions locales de ses rivaux en Europe. Leslie Kong s'applique dès lors à donner un son professionnel, « international » à ses productions Beverley's. Un des premiers quarante-cinq tours Beverley's gravés en Angleterre par Island s'intitule *Judge Not*, chanté par un certain Robert Marley, qui deviendra treize ans plus tard un des musiciens les plus importants du XXe siècle sous le nom de Bob Marley. Jimmy Cliff raconte : « Bob est entré dans la pièce. Je jouais du piano, dos à lui. Il s'est approché de moi, et m'a dit : « Ça sonne bien. » Je me suis retourné et j'ai dit : « Qui est là ? » Un type assez petit s'est approché, sa poitrine à l'air, et m'a dit : « Est-ce qu'on peut faire quelques chansons ensemble ? Je suis venu pour enregistrer. » Et j'ai commencé à jouer ses chansons. Derrick Morgan nous a rejoints, et nous avons joué à peu près cinq morceaux à lui. Nous en avons choisi trois : *Terror*, *One Cup Of Coffee* (reprise d'un succès country texan de Claude Grey), et *Judge Not*. Ces chansons résument les trois facettes de ce que Bob Marley était vraiment. *Terror* était une chanson sur un terroriste qui sème la terreur. Parce que tu vis ce genre de situation dans le ghetto. Des gens te terrorisent, te menacent... c'était sa facette politique. *One Cup Of Coffee* était une chanson d'amour (elle sort sous le pseudonyme de Bobby Martell imposé par Kong). La plupart des gens ignorent que Bob était un grand compositeur, et un grand interprète de chansons d'amour. C'est sa deuxième facette. *Judge Not* était une chanson qui défendait ses droits. Il voulait être considéré comme étant un être humain. Comme quoi « si tu es meilleur que moi, tu peux me juger, sinon tu n'es pas en position de pouvoir le faire ». C'était son côté philosophique. C'est ce que Jésus a dit dans la Bible : « Que celui qui n'a pas péché me lance la première pierre. » Bob était très conscient des choses bibliques. Ce qui m'a frappé le plus chez lui, c'étaient les paroles de ses chansons. Il avait une grande intelligence de l'emploi des mots. Tu pouvais voir immédiatement que c'était un poète. Mais avant lui, il y avait Prince Buster, qui a été le premier poète de la rue à faire des commentaires d'ordre social sur des situations sociales ou politiques avec *Al Capone*, *The Ten Commandements Of Man*, et *Black Head Chiney Man* qui critiquait Leslie Kong (Buster l'accusait de le plagier et de s'enrichir grâce à ses idées. Cette critique musicale d'un concurrent deviendra un genre). Buster est aussi le premier chanteur à s'être produit lui-même. On l'a tous imité ensuite. »

Entre 1962 et 1967 la marque anglaise Blue Beat publiera environ six cent quarante-cinq tours produits en Jamaïque par Prince Buster. À tel point qu'on confond souvent le style ska avec le nom Blue Beat, qui impose ce son en Grande-Bretagne.

Indépendance. 1962. Nelson Mandela, chef d'un mouvement de lutte armée en Afrique du Sud, est condamné à la prison à vie (il ne sera libéré qu'en 1990). La même année, la Jamaïque se sépare du Royaume-Uni, mais reste dans le Commonwealth. Après des élections gagnées par le JLP proaméricain d'Alexander Bustamante, les festivités culminent le 5 août avec le lever du nouveau drapeau noir, jaune et vert. Le ska, qui incarne déjà l'identité musicale de la nouvelle nation, symbolise l'indépendance et sa pulsation irrésistible fait danser l'île en liesse. Les *Forward March* de Derrick Morgan et *Independant Jamaica* de Lord Creator illustrent bien l'espoir et l'optimisme ambiants. Des dizaines de nouveaux chanteurs surgissent de toutes parts. Sans oublier les producteurs débutants Lindon Pottinger, King Edwards (qui arrête tout en 1964), l'excellent Harry Mudie qui enregistre de précieux skas nyahbinghi de Count Ossie (album *Remembering Count Ossie*), et les Sino-Jamaïcains Justin et Duke Yap *(Top Deck)* et leur ska au son « garage » presque punk. Sans oublier Vincent « Randy » Chin dont la famille fondera le magasin et studio Randy's, le label Impact, et vers 1975 le réseau de distribution VP aux États-Unis.

Studio One. En 1962, Clement « Coxsone » Dodd construit son studio d'enregistrement, lui aussi indépendant, le mythique Studio One de Brentford Road. Le brillant saxophoniste ténor Tommy McCook, revenu d'un long contrat à Nassau, vient renforcer son équipe de musiciens, menée par les saxophonistes arrangeurs Roland Alphonso et Lester Sterling depuis1958. Lloyd Knibb, batteur historique du ska, avait suggéré de réunir en un seul groupe les meilleurs instrumentistes de l'île, ce qu'accomplit Dodd en ajoutant l'organiste adolescent surdoué Jackie Mittoo au trompettiste « Dizzy » Johnny et au contrebassiste Lloyd Brevett. Don Drummond, compositeur inspiré et tromboniste, est l'un des leaders, reconnu par des jazzmen célèbres comme George Shearing et J.J. Johnson. Dodd a dans son équipe ce fantastique groupe, qui prendra de juin 1964 à août 1965 le nom de Skatalites (nom dérivé des « satellites », nouveauté de l'époque), les DJ King Stitt et Count Machuki, plus « Scratch » Perry. Bien que talonné par Duke Reid et Prince Buster, Dodd domine désormais le ska. Il restera le principal producteur de l'île pendant une décennie.

Lee « Scratch » Perry raconte : « Au début je traînais juste avec lui. En ce temps-là il voulait des gens avec qui il se sentait bien, avec qui parler, et j'étais un d'entre eux. Il s'est trouvé qu'au bout d'un moment des tas de chanteurs sont venus proposer des chansons, et il avait tellement de travail qu'il m'a demandé de faire les auditions pour lui. Et puis les choses ont avancé. »

Delroy Wilson rejoint son écurie et lui donne une nouvelle série de succès. Perry commence lui aussi à chanter, et un dub plate populaire, *Chicken Scratch*, lui donne son surnom. Studio One est à bien des égards comparable au temple de la soul, Tamla Motown. Burning Spear comparera Studio One à un « collège ». Les artistes de premier plan à avoir échappé au flair de Clement Dodd sont rares. Mais c'est chez Beverley's que John Holt fait ses débuts avec une ballade, *Forever I'll Stay*.

En 1963, l'empereur d'Éthiopie Haïlé Sélassié Ier fonde à Addis Abeba l'Organisation de l'unité africaine (OUA) en présence de (presque) tous les chefs d'État du continent. Myriam Makeba chante dans le palais lors du festin des rois. C'est l'apogée du règne de Sélassié et, comme Mandela trente ans plus tard, l'ancien Ras Tafari incarne presque à lui seul le poids politique de l'Afrique.

Prince Buster entame sa première tournée anglaise. Il y enregistre *Wash Wash* avec la vedette britannique Georgie Fame. Marqué par l'Américain Malcolm X, dont le nationalisme radical des « musulmans noirs » de la Nation Of Islam remet au goût du jour les mots d'ordre de Marcus Garvey, Prince Buster fonde la marque de disques Islam, l'un de ses nombreux labels (dont Prince Buster, Voice of the People, Wild Bells, Buster Record Shack, Soulville Center). En précurseur décisif de la culture rastafari qui submergera bientôt la musique jamaïcaine, Buster revendique sa négritude avec force. Il est déjà un héros populaire en Jamaïque, où il parade dans sa grosse voiture américaine Impala.

Ken Boothe et « Stranger » Cole sont engagés chez Studio One. Ils sont vite suivis par le nouveau groupe vocal formé par Junior Braithwaite, Peter Tosh, Bunny Livingston et Bob Marley : les Wailing Wailers. Ils travaillent avec la vedette locale Joe Higgs, qui a quitté Studio One et leur apprend les harmonies vocales depuis 1960. En décembre, Dodd publie leur premier gros succès, *Simmer Down*. Ce morceau contribue à lancer la mode des thèmes sur les « rude boys », les voyous des ghettos que Marley incite dans ce titre à se calmer. Avec sa nouvelle écurie, Dodd rivalise avec les Maytals, partis chez Buster et Kong, et Justin Hinds & The Dominoes, les groupes dominants.

L'explosion ska. En 1964, une chanteuse de quinze ans, Millie Small, part enregistrer un disque à Londres pour Chris Blackwell. L'orchestre est dirigé par le guitariste Ernest Ranglin. Son arrangement ska/variété de *My Boy Lol-*

lipop, un titre obscur de Barbie Gaye en 1957, vendra sept millions d'exemplaires dans le monde. Il monte au numéro 5 des ventes anglaises en février. Cette réussite exemplaire propulse Blackwell dans le monde lucratif de la pop internationale. Il abandonne aussitôt la musique jamaïcaine, et se consacre au Spencer Davis Group et à d'autres artistes anglais. Mais ce succès ska attire l'attention sur la Jamaïque.

Un bassiste producteur jamaïcain d'origine chinoise, Byron Lee, mise lui aussi sur le ska qu'il joue dans les circuits touristiques. Prince Buster critique violemment son « twist bidon », et produit plusieurs glorieux succès des Maytals. Après quatre titres enregistrés en tant que chanteur principal *(Habits, Straight And Narrow Way, Don't Ever Leave Me*, et *It Hurts To Be Alone)*, Junior Braithwaite quitte les Wailing Wailers et part pour les États-Unis où il sombrera vite dans l'héroïne, laissant le champ libre à Bob Marley. Le *Guns Of Navarone* des Skatalites est le tout premier gros succès en Angleterre à avoir un style et un son distinctement jamaïcains, celui de Studio One. Jackie Opel, les Gaylads et une multitude de quarante-cinq tours apparaissent sous les marques Studio One, Muzik City, Coxsone, Tabernacle (gospel) de Dodd. Les Skatalites et leurs dérivés enregistrent des centaines de morceaux. Ils accompagnent presque tous les interprètes de l'île pour le compte de plusieurs producteurs. Leurs meilleurs disques instrumentaux sont des merveilles, malheureusement souvent ignorées des amateurs de jazz.

L'irruption des Beatles touche alors la Jamaïque. Marley grave une version soul de leur *And I Love Her* et les Skatalites *I Should Have Known Better.* Mais la petite île pulse surtout avec la soul de Sam Cooke, Smokey Robinson, Solomon Burke. Les grandes vedettes sont James Brown, les Drifters, Otis Redding, Marvin Gaye, Stevie Wonder, Ben E. King, Jerry Butler. La radio locale JBC diffuse le son de Phil Spector, Atlantic, Motown ou Stax. Véritables parrains du futur reggae, les Impressions de Curtis Mayfield sont les plus admirés de tous les artistes rhythm & blues pour leurs harmonies vocales, et nombre de versions jamaïcaines de leurs compositions surgissent.

Chapitre 5

Rude boys et rock steady

Le 21 février 1965, Malcolm X est abattu par des « Musulmans noirs » fanatiques de la Nation Of Islam manipulés par le FBI. Malcolm X venait de quitter l'organisation d'Elijah Muhammad à la suite d'un voyage à La Mecque qui l'avait beaucoup rapproché de musulmans blancs. Ses méthodes nationalistes noires radicales seront bientôt adaptées par les Black Panthers. En Jamaïque, son assassinat fait l'effet d'une bombe.

Mais pas plus que les Black Panthers aux États-Unis, les rastas, qui incarnent la résistance à l'oppression économique, n'ont la maturité nécessaire pour aborder leur libération d'un point de vue politique, économique, pour ne pas dire révolutionnaire. En 1977, le fruste DJ Tappa Zukie résumera la question sur son quarante-cinq tours *Revolution* :

« Merde, les gars, on se fait voler dans les rues la nuit. On se dispute et on se bat. On n'a pas de respect pour nos frères noirs. Nous avons peur de la révolution. Man, pourquoi avons-nous peur de la révolution ? Man, pourquoi avons-nous peur de l'évolution ? L'homme noir doit supporter des tribulations. L'homme noir doit se battre pour la libération. Il est temps qu'on fasse la révolution. Car Babylone entretient la corruption. Ils mettent les *natty dreads* en détention. Ils tuent les enfants de Jah Jah sans même le mentionner. On se lève chaque jour en grognant. On est trop mous. On est trop mous. »

Parallèlement, le pasteur non violent Martin Luther King est accueilli triomphalement à Kingston à l'été 1965. Ses théories consensuelles, visant à l'intégration « douce » mais résolue, sont majoritaires en Amérique (Antilles comprises).

Pendant ce temps, l'ancien flic Duke Reid construit son studio au-dessus de sa boutique d'alcools. Menés par le guitariste arrangeur Lynn Taitt, qui dominera cette période, les Jets expérimentent pour lui de nouveaux styles inspirés par la soul, qui deviendront l'année suivante le rock steady. Le tromboniste Don Drummond, accusé du meurtre de sa femme, est envoyé à l'hôpital psychiatrique, et les Skatalites se séparent peu après. Menés par Tommy McCook et Lynn Taitt, ses anciens membres deviennent les Supersonics chez Duke Reid, et enregistrent sous le nom des Soul Vendors sous l'égide de Roland Alphonso chez Studio One.

À Kingston, des familles rurales affluent. Comme celles de Peter Tosh, Toots Hibbert, Bob Marley ou Jimmy Cliff, elles échouent dans les taudis urbains de quartiers misérables et violents. Les syndicats qui soutenaient les deux partis opposés (PNP et JLP) se transforment peu à peu en bandes armées luttant pour le contrôle des quartiers du « ghetto ». La vie est très dure. Beaucoup de jeunes partent à la dérive, s'éloignant de la religion. Cette « ghetto youth » souvent venue de la campagne est appelée les « rude boys » ou

« rudies ». Et les rastas, de plus en plus présents dans les ghettos, sont désormais le principal obstacle à la violence de ces jeunes rebelles.

Après un ska de plus en plus rapide (devenu frénétique, presque bop, sur le *Bongo Tango* de Roland Alphonso), la toute nouvelle tendance passe brusquement à l'extrême lenteur du tempo. L'influence du jazz, notamment, a donné des rides au ska, et un nouveau style local marqué par la soul prend forme. Il s'adresse aux jeunes, grâce à des paroles en prise directe avec la réalité des ghettos. Pour beaucoup, comme les Clarendonians *(Rudie Bam Bam)*, la musique devient l'unique espoir de s'en sortir. Des centaines d'adolescents cherchent à percer en enregistrant pour les sound systems. Plus syncopé, comme la musique de James Brown qui est adulé dans l'île, ce nouveau son introduit la basse électrique, qui remplace la contrebasse encore très répandue dans le ska. Les rude boys adorent l'imagerie des westerns et des films de gangsters. Plusieurs DJ prendront dans les années à venir des noms évocateurs : Dennis Alcapone, Trinity, Clint Eastwood, Dillinger (prononcer Dillin'JAH !), Josey Wales. Le succès des Wailing Wailers *Rude Boy* emprunte son refrain au *I've Got To Keep On Moving* des Impressions et décrit la fuite d'un rude boy poursuivi par les autorités (ce sera le thème du fameux *I Shot The Sheriff* de Marley en 1973). Leur *Rolling Stone* s'approprie celui du *Like A Rolling Stone* de Bob Dylan, qui dépeint la déchéance. Peter Tosh enregistre à cette époque ses premiers (et certains de ses meilleurs) disques en solo chez Studio One.

Mods et ska. Prince Buster grave son grand classique du ska *Al Capone*, un succès anglais qui inspirera le groupe pop anglais les Specials pour leur premier quarante-cinq tours, *Gangsters* en 1979. Buster passe à la télé dans *Ready Steady Go* et joue dans toute la Grande-Bretagne. Il incarne le ska et multiplie les classiques *(Hard Man Fe Dead)*. Un jeune mouvement anglais, les mods (abréviation de *modernistes*) en fera une de ses idoles. Les mods se démarquent du rock blanc d'alors, qu'ils trouvent raciste, puisque ignorant généralement la musique noire. Les mods se recrutent parmi les amateurs de soul music authentique, de jazz, de rhythm & blues et de ska. Ils rejettent en particulier les teddy boys, des « rockers » souvent conservateurs à leurs yeux, amateurs du rock grand public incarné par Presley et les autres.

Le Négus à Kingston. Le 1O février 1966, Bob Marley se marie avec Rita, chanteuse des Soulettes, un trio vocal qu'il encadrait à Studio One. Rita est enceinte et Bob doit abandonner sa carrière de chanteur pour gagner sa vie. Il part pour les États-Unis, à Wilmington, dans le Delaware où sa mère s'est remariée.

Le 21 avril, Haïlé Sélassié Ier atterrit en Jamaïque pour une visite officielle. Il est accueilli sur la piste au son de Ras Michael & The Sons Of Negus, qui jouent des percussions nyahbinghi au milieu de milliers de rastafariens mystifiés. Sélassié prend peur. Il ne connaît pas les rastas, qui voient en lui le Messie. Mortimer Planno, un des leaders rastas de la communauté de Back-a-Wall, gravit la passerelle de l'avion et rassure le Négus. C'est un triomphe. La foule acclame le grand roi sur des kilomètres.

Rita Marley se souvient de l'événement : « La voiture est arrivée et j'ai vu ce petit homme, comme un petit agneau, il faisait un signe de la main, et quand il s'est tourné vers moi, mes yeux l'ont vu entièrement. J'ai dit « Jésus ». J'ai regardé à nouveau et il a fait comme ça (elle salue de la main). J'ai regardé dans sa main et j'ai vu un point noir (stigmate du clou). Je crois que je me suis évanouie. J'ai changé. J'ai dit non, ça ne peut pas être vrai, Jésus Christ... c'est LUI ! Je suis rentrée à la maison et j'ai vu ma tante. Je lui ai dit : « Auntie, j'ai vu... l'homme. Et c'est lui ! » Elle m'a dit : « Rita, tu as encore fumé trop de ganja ! – Mais non, Auntie, c'est pour de vrai ! J'ai cherché, comme disait Bob, j'ai cherché j'ai cherché et j'ai trouvé. »

La visite de Haïlé Sélassié Ier fait l'effet d'une bombe et la communauté rasta décuple. Et ce, malgré la destruction des taudis de Back-a-Wall, le 12 juillet, par les bulldozers du ministre du Développement et des Affaires sociales, le futur Premier ministre Seaga. Le JLP proaméricain y construit aussitôt des appartements, et les loue exclusivement aux admirateurs les plus musclés du parti. Ce nouveau quartier en bord de mer, Tivoli Gardens, contrôle les quais et devient aussitôt le bastion des hommes de main du dirigeant, Bustamante, et de son bras droit Seaga. Il est situé face à un autre ghetto, Trench Town (qui contient les zones de Denham Town, Rema et Concrete Jungle), où le PNP « socialiste démocrate » a pris racine. Beaucoup de rastas fuient à Trench Town, qui deviendra célèbre pour les centaines de musiciens qui en sont issus, dont les Heptones, Rod Taylor, Knowledge, Tappa Zukie, Alton Ellis, Delroy Wilson, Joe Higgs, Bunny Wailer, Buju Banton, Ken Boothe, Desmond Dekker, Rita & Bob Marley, Peter Tosh, et tant d'autres.

Le *Take It Easy* de Hopeton Lewis, produit par Winston Blake, annonce le nouveau style plus *cool*, plus lent. Prince Buster en enregistre aussitôt une version différente, où il raconte un voyage à Paris, aux Champs-Élysées.

Bob Marley, parti en Amérique, a loupé la visite de Sélassié. Il travaille humblement au service de nettoyage de l'hôtel Dupont de Wilmington. Il fréquente parfois des activistes noirs proches des Black Panthers. Quand il rentre à l'automne, son attitude est résolument indépendante. Avec Peter Tosh, Bunny et son petit pécule, ils lancent leur propre marque de disques, Wail'n Soul'm. Leur premier quarante-cinq tours, *Bend Down Low*, est un splendide rock steady écrit à Wilmington. Il est enregistré avec un jeune groupe des studios de Kingston, les futurs Upsetters. Jackie Jackson impose un nouveau style de basse avec Hugh Malcolm à la batterie, Ranford « Rannie Bop » Williams à la guitare et Winston Wright au piano et à l'orgue. Le quarante-cinq tours sort fin 1966. Sans le moindre succès.

Lee « Scratch » Perry quitte Studio One et enregistre à la même époque le très drôle *Judge Dread* en duo avec son ami Prince Buster. Scratch y joue le rôle d'un coupable pleurnicheur du ghetto, condamné à quatre siècles de prison par le juge impitoyable incarné par Buster. Malgré l'aspect comique, il s'agit d'une violente critique de l'injustice sociale qui frappe les *« sufferers »* des bidonvilles. *Judge Dread* donnera durant ces sixties son nom de scène à Alex Hughes, un anglais videur dans un pub, qui pastiche le ska sur un ton d'humour de caserne salace du même tonneau douteux que celui de son contemporain Screamin' Lord Sutch (qui est un ersatz grossier du bluesman Screamin' Jay Hawkins). Judge Dread reprendra notamment le *Je t'aime moi non plus* de Serge Gainsbourg quelques années plus tard, se surpassant dans la grossièreté, parvenant néanmoins à séduire une bonne part du public skinhead de Londres à l'époque.

L'âge d'or du rock steady. La musique jamaïcaine traverse un âge d'or. La nouvelle soul locale, le rock steady (automne 1966-été 1968), supplante peu à peu le ska, et les chefs-d'œuvre du genre sont souvent méconnus : Prince Buster, mais aussi les fabuleux Slim Smith, Alton Ellis, Phillys Dillon, Bob Andy, Desmond Dekker, Ken Boothe, Delroy Wilson ou Pat Kelly accumulent les perles chez Studio One et Treasure Isle en particulier. Le fantastique *Bam Bam* des Maytals de Toots gagne le festival jamaïcain de concours de chant. Toots est envoyé au bagne pendant dix-huit mois peu après pour détention d'un *spliff* de chanvre. Malgré son utilisation très répandue dans l'île, la consommation de ganja est de plus en plus réprimée depuis l'indépendance.

Le rock steady enregistré au nouveau studio de Duke Reid concurrence sérieusement la domination de Studio One, qui rayonne avec la splendeur des Heptones (l'un des trois chanteurs, Leroy Sibbles, est aussi un bassiste brillant qui crée de nombreux « riddims » classiques, toujours copiés, recyclés depuis comme celui de *Fatty Fatty*). Chez Studio One les Gaylads, les Termites, Alton Ellis, Ken Boothe, Marcia Griffiths *(Melody Life)*, Dawn Penn *(No No No)*, Delroy Wilson, B.B. Seaton sont tous accompagnés par les Soul Vendors. Chez Treasure Isle, de fantastiques groupes vocaux accompagnés par les Jets ou les Supersonics, comme les sublimes Paragons de John Holt, les Jamaicans, les Techniques, les Three Tops, les Melodians, les Sensations, les Ethiopians (qui les premiers affirment un message clairement et résolument rasta dans la musique jamaïcaine) ou Freddie McKay enregistrent tous avec le son raffiné, véritable marque de fabrique de Duke Reid. D'autres labels de disques apparaissent, et des centaines de quarante-cinq tours à petit tirage de formidables artistes tels que les Kingstonians, Keith & Tex, Derrick Harriott & The Crystalites, Ken Parker, Hopeton Lewis, Dobby Dobson ou Cornell Campbell inondent les pistes des dancehalls. Joe Gibbs (qui engage Lee « Scratch » Perry comme réalisateur/superviseur), Bunny Lee, Winston Lowe, Ken Lack, Sonia Pottinger (seule femme dans cet univers de machos endurcis), J.J. Johnson et Lloyd Daley sont les plus importants des nouveaux producteurs. Edward Seaga, devenu ministre des Finances, confie ses productions WIRL à un associé qui construit un nouveau studio, West Indies, où travaillent la plupart des nouveaux indépendants.

Beverley's publie quelques diamants de Derrick Morgan, qui s'est adapté comme chacun au nouveau style, et le *007 (Shanty Town)* de Desmond Dekker & The Aces fait un tabac à la fin de l'année. Il entre dans les quinze meilleures ventes anglaises.

Chris Blackwell est occupé en Europe par les carrières de John Martyn, Stevie Winwood ou Jimmy Cliff (qui joue au Palais des Sports à Paris accompagné par des rockers anglais !). Mais il fonde aussitôt à Londres une filiale de sa marque *pop* Island, les disques Trojan (prononcer TrodJANE !) spécialisés en musique jamaïcaine. Ils publient en Angleterre les productions Beverley's, un son international qui a déjà fait ses preuves avec l'excellent Dekker.

De nouveaux groupes vocaux surgissent : les Gladiators, les Rulers de Carl Dawkins. Alors que la contestation est à la mode (Bob Dylan, Rolling Stones, Beatles) au pays des Blancs, l'impact de la visite de Haïlé Sélassié Ier à Kingston porte ses fruits. Le contenu des paroles devient peu à peu centré sur la « culture africaine » et la lutte pour l'émancipation. Avec *Equal Rights* et *Soul Power*, les Heptones reflètent la lutte des Afro-Américains pour les droits civiques, la montée des nationalistes noirs les Black Panthers et la lutte pacifique de Martin Luther King. Justin Hinds & The Dominoes, les Wailers devenus Bob Marley & The Wailers *(Hypocrites, Mellow Mood, Stir It Up, Fire Fire*, et le *Stepping Razor* de Joe Higgs notamment*)*, les très originaux Ethiopians et l'excellent Bob Andy (ex-Paragons) n'abordent quasiment plus que des thèmes sociaux, contestataires et rastas. Prince Buster évoque Walter Rodney (orateur défenseur du « Black Power »), qui n'obtient pas de visa pour la Jamaïque, ce qui déclenche une émeute étudiante *(Dr Rodney Black Power)*.

Les dancehalls vibrent au son des reprises en rock steady de succès soul américains. Les Techniques reprennent par exemple avec talent et succès le *Minstrel and Queen* des Impressions (rebaptisé *Queen Majesty*), Slim Smith leur génial *Gypsy Woman*. Jackie Opel et sa voix d'une puissance extraordinaire ravissent les amateurs de soul, Ken Boothe enregistre le *Mustang Sally* de Wilson Pickett et Alton Ellis le *Knock On Wood* d'Eddie Floyd. Les rude boys sont tantôt glorifiés, tantôt menacés des conséquences de leurs actes à travers les textes des chansons. La basse est de plus en plus en avant, un trait marquant du son jamaïcain depuis son origine, et le son sophistiqué de Treasure Isle reste sans doute le plus excellent exemple des délices du rock steady.

Bob Marley & The Wailers chantent encore *Thank You Lord* (« merci Seigneur ») en 1967. Pourtant leur membre fondateur, Peter Tosh, entonnait déjà l'année précédente *Rasta Shook Them Up* pour Studio One (son album *The Toughest* reste sans doute ses meilleurs enregistrements en solo). Mais la première musique totalement rasta enregistrée est celle de Ras Michael & The Sons of Negus et ses nyahbinghi : avec un nouveau rythme plus tendu que le peinard rock steady, une source inépuisable de foi rebelle va prendre une forme plus radicale : le reggae.

« Le ska est rapide, confiera plus tard Bob Marley, le rock steady est doux. Et le reggae est dur. Bien plus dur. »

Chapitre 6

La naissance du reggae

Le chanteur texan new-yorkais Johnny Nash, une des premières vedettes noires du petit écran, débarque à Kingston début 1968. Il est attiré par les premiers succès internationaux du rock steady. Il rencontre par hasard Peter Tosh, Bob & Rita Marley (Bunny Wailer est au pénitencier pour détention de chanvre) qui sont en proie à de grosses difficultés financières avec leurs disques Wail'n Soul'm, absolument invendables, et sur le point de publier le premier manifeste rasta de Marley, *Selassie Is The Chapel*. Le manager de Nash, Danny Sims, leur fait signer un contrat exclusif de production (enregistrements) et d'édition contre quelques dollars. Ils enregistrent pour lui un album, *Rock To The Rock* (presque entièrement inédit jusqu'en 1997) avec de bons musiciens de studio américains (Atlantic) venus eux aussi apprendre le rock steady. Seule une nouvelle version de *Bend Down Low* sera publiée à l'étranger (en France) sans succès. Par contre Nash apprend vite, et enregistre lui aussi au studio Dynamic Sound. Son classique *Hold Me Tight* deviendra le premier succès « jamaïcain » aux États-Unis. Il publiera un album du même nom contenant d'autres rock steadys à succès *(You Got Soul* et le *Cupid* de Sam Cooke*)* tandis que Desmond Dekker frappe plus fort encore avec un succès mondial, *Poor Me Israelites*, sur un tout nouveau rythme, le reggae.

L'origine du reggae. Alors que le pasteur Martin Luther King est assassiné, Toots sort de dix-huit mois de bagne, une expérience carcérale qu'il met en scène avec rage dans un des chefs-d'œuvre du rock steady, *54-36 That's My Number* (son numéro de bagnard). Toots sera certes le premier à utiliser le mot « reggae » dans un titre de morceau avec *Do The Reggay*, mais la création du genre musical proprement dit est très controversée.

Au tout début de 1968, *Pop-a-Top*, un succès autoproduit par Lynford Anderson, l'ingénieur du son du studio de la radio nationale RJR utilisé par Leslie Kong, donne son nom (piqué dans une pub Canada Dry) à un nouveau style de rythme. Il est bien plus rapide que le rock steady en vogue et préfigure le reggae, qui sera plus rapide encore. Parmi les premiers véritables reggaes, on note le *Bang A Rang* de Stranger Cole & Lester Sterling (pour Bunny Lee), le *Nanny Goat* de Larry (Marshall) & Alvin (pour Studio One), la première version méconnue du *Soul Rebel* de Bob Marley (pour les disques JAD de Johnny Nash), le *No More Heartache* des Beltones ou le *Do The Reggay* des Maytals (Beverley's). Tous se disputent le titre de premier reggae. Mais peut-être ce style vient-il en fait de Lee « Scratch » Perry. Lors de la réalisation d'enregistrements des Pioneers pour le producteur Joe Gibbs, Scratch utilise une frénétique rythmique sur *Long Shot*, un des premiers succès reggae de 1968 (avec les jeunes frères Aston « Family Man » et Carlton Barrett à la basse/batterie). Scratch, fâché de ne pas être suffisamment crédité et rétribué, quitte Joe Gibbs peu après et réenregistre en 1969 cette rythmique pour l'excellent *People Funny Boy*, un gros succès qu'il produit et chante lui-même. Il y attaque personnellement Gibbs, dans la tradition des morceaux de « musical war », une guerre par chanson interposée pratiquée par les sound systems depuis (au moins) l'attaque de Leslie Kong par Prince Buster en 1962 dans *Black Head Chiney Man*. Scratch y incorpore nombre de bruitages (des pleurs de bébé), une pratique innovante qu'il n'abandonnera plus, et qui annonce déjà la technique du sampling qui envahira la musique pop internationale vingt ans plus tard. Scratch fonde ainsi avec éclat les disques Upsetter (« énerveur »), destinés à « énerver » ses concurrents.

Le terme reggae est d'abord apparu pour nommer un rythme différent, joué sur un tempo bien plus rapide que le populaire rock steady en vogue. Il désigne en fait un motif d'orgue syncopé, un « shuffle » où un claviste comme Glen Adams jouait deux croches au lieu d'une seule pour le rock steady. En outre, comme dans le rock steady le temps fort marqué par la caisse claire est sur le troisième temps de la mesure, au lieu du deuxième et quatrième pour le ska ou le rhythm & blues. Ce style au tempo d'abord très rapide, influencé par le mento local traditionnel, s'appelle d'abord le « streggae ».

Le producteur Bunny « Striker » Lee explique : « On appelait une « streggae » une femme qui se donnait à tous les hommes ! Mais les radios n'ont pas aimé ce nom alors c'est devenu « reggae ». Et ça a accroché. »

À partir du succès international de Bob Marley (1975), le mot reggae deviendra le terme générique de toute la musique jamaïcaine. Il regroupera le ska, le rock steady, la période rapide « early reggae » de 1968-1971 et les nombreuses phases qui ont suivi. Mais en 1968, le nouveau genre crève déjà le plafond des sound systems (qui sont pourtant le plus souvent en plein air !). Des groupes vocaux comme Carlton & The Shoes (futurs Abyssinians), les Cables, les Beltones ont surgi. De nouveaux producteurs comme Winston Riley (fondateur des Techniques, il garde le nom pour son label), Clancy Eccles ou Lee Perry multiplient les trouvailles et défient les producteurs installés (le « big three » de Prince Buster, Studio One et Treasure Isle) avec de nouveaux rythmes. L'esprit funky de James Brown est devenu la référence, et la basse devient plus que jamais l'instrument dominant, mais la diversité des styles règne déjà sur les dancehalls où les modes se succèdent à toute allure.

King Tubby et le dub. Le mot *dub* est avant tout un terme jamaïcain, une technique nouvelle née dès 1967 à l'époque du rock steady. Il désigne le remixage de morceaux qui sont destinés aux pistes de danse. Les enregistrements étaient réalisés sur des bandes à deux pistes : une où figurent les voix, et une pour l'accompagnement. Pour fabriquer un disque de vinyle, un premier disque-moule en acétate de cellulose est ensuite gravé *(cut)* par un stylet qui vibre au son émis par la bande magnétique, qui contient la musique. On y coule ensuite le nickel de la matrice, qui servira à presser les disques en vinyle. Une partie du travail important du graveur de disques-moules consiste d'abord à effectuer un mélange des deux pistes de son, c'est-à-dire un mixage (le plus souvent mono) qui est gravé directement sur le premier disque-moule en acétate de cellulose, la « laque ».

En Jamaïque, où le marché du disque est très compétitif, depuis la fin des années cinquante les disc-jockeys commandent d'abord des disques en acétate. Ces laques leur servent à tester les nouveaux morceaux en avant-première lors des soirées de leur sound system. Ces disques uniques, à l'égalisation personnalisée, s'appellent des « dub plates » (de l'anglais *dub*, « doubler », « copier »). Seuls les morceaux ayant fait leurs preuves sur les pistes de danse deviendront effectivement des quarante-cinq tours en vinyle. Les autres ne seront jamais fabriqués par les producteurs, et ne dépasseront pas le stade de dub plates.

Fin 1967 dans le studio Treasure Isle du producteur Duke Reid, Rudolph « Ruddy » Redwood, propriétaire de l'important sound system Ruddy's Supreme Ruler Of Sound à Spanish Town, grave des dub plates des succès rock steady de Reid pour son sound. Pendant la gravure, l'opérateur Byron « Smithy » Smith oublie de connecter la piste où se trouve la voix, ne gravant ainsi que l'accompagnement. Quand il s'en rend compte, il s'apprête à jeter le coûteux disque en acétate irrémédiablement gâché. Mais Ruddy lui demande de laisser la gravure se faire jusqu'au bout. La version instrumentale résultant de l'incident est très dansante. On n'y entend qu'une rythmique nue, efficace au possible. Cet accompagnement seul du *On The Beach* des Paragons sera testé avec grand succès au sound system de Ruddy. Le public reconnaît la rythmique du morceau. Toujours en demande de nouveauté et d'innovations, les Jamaïcains apprécient cette nouvelle dimension donnée à la musique. La batterie et surtout la basse sont donc véritablement au tout premier plan pour la première fois, une innovation majeure. Même les morceaux les plus funky de James Brown ne sont pas mixés ainsi, totalement dépouillés. En 1968, Ruddy recommence donc à graver des versions instrumentales des splendides succès rock steady Treasure Isle. Le terme « version » reste. À titre d'essai, Ruddy grave même des versions où apparaissent des bribes de voix, comme un début de couplet ou un bout de refrain. Les gravures sont ensuite diffusées dans sa discothèque mobile par son DJ, Wicked, qui annonce les versions au micro comme étant des « deuxièmes parties » ou des « chapitres deux ». Dès lors, Ruddy suggère au producteur Duke Reid, incrédule, de mettre les versions, le « riddim » (« rythme » avé l'accent) seul, en face B de ses quarante-cinq tours. Le principe des versions sur dub plates est vite copié par Seymour « Stereo » Williams, qui fabrique des amplis pour Ruddy et possède un sound system dans la même ville. Stereo concurrencera vite Ruddy avec ce style révolutionnaire, et le ruinera bientôt. Au même moment, le jeune producteur Bunny Lee et son ami Jammy viennent de la proche capitale Kingston écouter ce tout nouveau son. Jammy présente à Bunny Lee l'ingénieur du son Osbourne Ruddock, futur King Tubby. Tubby utilise alors ce principe de la version dès la fin 1967 ou le début 1968. Réparateur du matériel de Duke Reid à Kingston, il grave lui aussi des dub plates de versions des succès rock steady du Duke pour son petit sound system du quartier de Waterhouse. Il introduit ainsi le concept des versions dans la capitale, Kingston.

Tubby possède dès 1968 son propre sound system, le petit Tubby's Home Town Hi-Fi. Outre les brèves apparitions de la piste de voix déjà pratiquées par Ruddy, Tubby commence à ajouter un effet d'écho ou de « reverb » sur la voix pendant qu'il grave la laque en acétate. Il donne ainsi une place inédite à l'ingénieur du son avec ces balbutiements de remixages créatifs. Tubby grave sur un dub plate historique des versions ainsi remixées avec effets de « reverb » sur le début du chant, qui disparaît ensuite, laissant tout l'espace à la basse/batterie. Ce faisant, il crée véritablement ce que l'on appellera bientôt le dub.

Tubby choisit pour cet essai quatre des plus gros succès du rock steady réalisés par Duke Reid, le magnifique *You Don't Care* des Techniques avec Slim Smith, et des classiques des Melodians et de Phyllis Dillon. Le soir même, il confie le dub plate ainsi gravé au disc-jockey de sa discothèque, qui n'est autre que le jeune U Roy, encore inconnu.

Après avoir joué la version normale de *You Don't Care*, U Roy diffuse le dub plate contenant donc la version dub sur la sono. Le succès est tel que d'après le

DJ Dennis Alcapone, la foule massée à l'extérieur de son sound system enfonce les barrières, renverse les piles de baffles, et redemande les mêmes quatre titres toute la nuit. U Roy est enfin libéré des morceaux où le chant déjà enregistré l'empêche de faire trop grand usage de son micro. Il laisse aller son talent en occupant l'espace vacant avec sa voix. Il fait ses relances en « live jive », un style qu'il pratique déjà comme tous les DJ jamaïcains. Cette nuit de 1968, le dub est entré en action, et avec lui le principe du remix. Mais en même temps, le rap moderne, ancré dans la tradition de DJ comme Count Machuki ou King Stitt, prend un départ fulgurant, le style de U Roy étant instantanément copié par Dennis Alcapone et nombre de concurrents. Il faudra pourtant attendre la fin de 1969 pour que Duke Reid se décide à enregistrer U Roy, qui tous les soirs « toaste » les versions de ses classiques (une bonne tranche de pain – ou de vinyle – est encore meilleure après un passage par le « toaster »).

Sweet soul music. La révolution sociale qui balaye les États-Unis au cours des années soixante marque la très pauvre Jamaïque. Dans les ghettos de l'ouest de Kingston, comme à Trench Town, où vivent quantité de musiciens, le mécontentement est à son comble. Comme Peter Tosh l'a déclaré froidement à cette période : « Si je n'étais pas musicien je serais un révolutionnaire, et je tuerais tous les jours. »

Influencés par le militantisme du mouvement Black Power américain, par la tendance « peace and love » de la communauté hippie blanche et par les tracts socialistes des révolutionnaires cubains, les rude boys au bas de l'échelle en 1965 commencent à projeter une nouvelle image. Ils se mettent à porter des treillis militaires ou des pantalons à pattes d'éléphant et mettent des badges sur leurs T-shirts décolorés à l'eau de Javel. Ils laissent souvent pousser leurs cheveux dans le style naturel afro et chantent du reggae, tout en cherchant de l'inspiration dans les disques de soul américains, qu'ils copient et adaptent en reggae avec talent.

Le batteur Sly Dunbar, un des deux futurs Sly & Robbie, raconte :

« Quand j'ai commencé, je jouais le rhythm & blues qu'on entendait à la radio, comme Shirley & Lee. Les Rolling Stones, les Beatles, tous ces gens. Diana Ross, les Supremes, Marvin Gaye, Junior Walker. Il fallait qu'on joue ça dans les boîtes. J'allais à beaucoup de soirées dansantes où l'on entendait tout ça, et comme je suis musicien j'essayais de le reproduire. Mon premier groupe, les Yard Brooms, c'était en 1969. Et Ansel Collins m'a demandé de le rejoindre. J'ai joué sur le Double Barrel de Dave Barker avec lui. »

En 1969, Bob Marley est une nouvelle fois parti à Wilmington, où il travaille cette fois au service des pièces détachées de l'usine Chrysler. À son retour il fonde les disques Tuff Gong et enregistre à ses frais une version reggae du manifeste afro-américain de James Brown : *(Say It Loud) I'm Black And I'm Proud*, qui devient son *Black Progress*. Les rastas sont toujours très mal vus et Duke Reid, par exemple, refuse de les enregistrer. Alors que Prince Buster perdra du terrain avec d'hilarants reggaes paillards *(She Was A Rough Rider, The Virgin)*, les succès reggae continuent de pleuvoir chez Studio One avec le Sound Dimension dirigé par l'organiste Jackie Mittoo avec Leroy Sibbles (chanteur des Heptones) à la basse, Bunny Williams à la batterie, et Eric Frater à la guitare (Headley Bennett, Roland Alphonso et Cedric Brooks sont aux saxophones), sans oublier d'occasionnels jazzmen vétérans comme Ernest Ranglin. Ils accompagnent les bonnes vieilles vedettes du rock steady John Holt (hit monstre avec *A Love I Can Feel*), le remarquable Alton Ellis, les increvables Heptones, les Cables, Carlton & His Shoes (ils s'appelaient en fait Carlton & His Shades, mais une erreur de typographie sur un label – erreur très courante dans le reggae – les a définitivement associés à ce nom !). Enfin, les gémissements d'amour de Jane Birkin sur son *Je t'aime moi non plus* en duo avec Serge Gainsbourg ont beaucoup de succès sur les dancehalls et le morceau est repris (chanté en yaourt franco-jamaïcain !) par le Brentford All Stars chez Studio One sous le nom de *Love At First Sight* !

D'autres artistes se font connaître chez Studio One : Larry Marshall (*Throw Me Corn*), et un jeune rasta venu de Saint Ann, sur la côte nord, et envoyé là par Bob Marley, Winston « Burning Spear » Rodney. Il emprunte son surnom, « Lance Enflammée », au premier président kenyan, Jomo Kenyatta. *Le Spear* enregistrera jusqu'en 1974 une magnifique série de quarante-cinq tours à Studio One (réunis sur deux albums). Il impose une gravité militante inédite et un style vocal unique qui lui assurent une place très à part. D'autres rastas, les Abyssinians, créent *Satta Massa Gana*, une chanson magnifique qui contribue à l'envol des thèmes rastafariens. Le succès de *Satta Massa Gana* commence déjà à populariser un nouveau rythme, le « one drop » (la brillante partie de basse est de Leroy Sibbles). Ce style plus lent, au tempo médium, deviendra vite la base du *roots reggae*, un genre bientôt identifié universellement comme étant le reggae tout court.

Mais le style très soul, non rasta, fait recette et continuera à le faire. En 1969 Clement « Coxsone » Dodd déniche Dennis Brown, qui n'a que douze ans comme Michael Jackson ou Stevie Wonder à leurs débuts. *No Man Is An Island*, vite suivi de *If I Follow My Heart* (Studio One) sont les premiers grands classiques de ce chanteur qui ne cessera plus d'enflammer l'île avec sa voix exquise. Horace Andy, qui ne trouvera le succès international qu'en 1990 en tant que chanteur invité sur plusieurs albums du groupe pop anglais Massive Attack, est une autre révélation, là encore venue de Studio One avec le sublime *Skylarking*. Vétéran du ska et du rock steady, Alton Ellis grave des merveilles soul reggae, concurrencé par l'ancien Paragons John Holt, par Larry Marshall, les Wailing Souls, Freddie McKay, les Heptones...

Chapitre 7

Dj, mixeurs et bricoleurs de génie

En 1968 le sound system dominant, Sir Coxsone's Downbeat, ferme boutique à cause de la violence due à la concurrence. Dodd se concentre sur la production de disques de reggae. Son fameux disc-jockey, King Stitt, rejoint le sound de Jack Ruby à Ocho Rios, où il enregistre enfin pour le producteur Clancy Eccles et ses Dynamites. Le DJ Stitt grave son premier succès *Fire Corner*, où il annonce sur une intro prémonitoire que « peu importe ce que disent les gens / ce son mène et ouvre la voie ». Puis c'est *Herbsman Shuffle* et d'autres titres publiés chez New Beat, Clancy's et Clan Disc (Trojan et Pama en Angleterre). Ce sont des documents historiques, une authentique trace funky de la naissance exotique de ce rap embryonnaire et kitsch, avec clichés rock steady, *early* reggae, solos d'orgue, saxophone reggae et chœurs soul. Ainsi, la tradition du DJ jamaïcain, vieille de quinze ans, est-elle finalement fixée sur disque (en fait, les *Ska-ing In The West* et *The Great Wuga Wuga* du DJ Sir Lord Comic, peu remarqués, furent publiés en Angleterre dès 1967). Début 1970, le succès fulgurant de la première série de quarante-cinq tours de U Roy chez Treasure Isle (*Wake The Town, Wear You To The Ball, Things You Say You Love, Ace From Outer Space*) enfonce le clou.

Skinheads. En octobre 1969, un morceau instrumental reggae du saxophoniste Val Bennett, *Return Of Django*, monte au Top 5 des ventes anglaises (Trojan) sous le nom des Upsetters. Il est produit par Lee « Scratch » Perry, qui part pour Londres avec son groupe. Le reggae commence à bien se vendre en Angleterre, notamment grâce à un nouveau public, un mouvement prolétaire venu des difficiles quartiers est de Londres : les skinheads.

L'afflux massif de Jamaïcains à Londres à l'approche de l'indépendance de l'île (1962, comme l'Algérie) a eu pour résultat une difficile intégration. Elle se localise, entre autres, dans l'*east end* de Londres : Hackney, Stoke Newington, Dalston (où l'on trouve des quarante-cinq tours jamaïcains sur les stands du marché de Dalston High Street) et à Brixton, au sud. À l'école, l'intégration est difficile dans ce pays froid, humide et gris. Mais les jeunes Noirs sont débrouillards, et ils apportent avec eux une puissante culture des rues, attrayante pour une partie des jeunes prolétaires blancs. Après tout, la nationalité anglaise les unit, et c'est autour de ce dénominateur commun qu'ils s'organisent en une microculture basée sur un nationalisme exacerbé. Ainsi les premiers skinheads sont en réalité des rude boys noirs jamaïcains égarés en Grande-Bretagne, et leurs amis blancs. Ils rejettent le rock et les hippies venus d'Amérique, les touristes français, et d'une manière générale les autres mouvements de jeunes et leurs styles. Les skins agressent violemment les immigrés indiens, ces « Pakis » qui se renferment sur leur culture et s'intègrent mal à l'identité britannique.

L'instrumental reggae *Double Barrell* de Dave & Ansel Collins (1969, premier disque du batteur Sly Dunbar) devient l'hymne de l'équipe de football londonienne Chelsea, où l'on retrouve de nombreux skinheads. Il montera au numéro un en 1970, suivi de *Monkey Spanner* (numéro sept en 1971) et son « heavy monster sound », un slogan repris par Madness en 1980.

Les skinheads au crâne rasé adoptent le ska, le rock steady et les premiers reggaes comme musique emblématique. Une vingtaine de morceaux jamaïcains font ainsi une intrusion dans les classements des meilleures ventes britanniques, et des artistes jamaïcains comme Dandy Livingstone, Joe Mansano ou Laurel Aitken, qui vivent en Angleterre, fournissent directement de la musique à ce culte naissant. Après les premiers succès de Millie Small, des Skatalites, de Prince Buster, Desmond Dekker et Johnny Nash, parmi les morceaux appréciés par les skinheads on trouve surtout des tempos rapides. Le *Long Shot (Kick The Bucket)* des Pioneers, le *Liquidator* du Harry J All-Star avec Winston Wright à l'orgue, le *Wet Dream* de Max Romeo, le *Young Gifted & Black* de Nina Simone chanté par Bob & Marcia Griffiths, le *Sweet Sensation* des Melodians... Ce sont les disques Trojan qui publient la plupart de ces succès reggae en Angleterre. Les skins se désintéresseront de la musique jamaïcaine avec l'arrivée des thèmes rastas et le ralentissement du tempo à partir de 1971.

Scratch et Marley. Après diverses aventures infructueuses en autoproduction pour Tuff Gong et avec des producteurs locaux, dont Leslie Kong, Bob Marley & The Wailers ne trouvent pas de travail. La galère est totale, comme pour beaucoup de leurs semblables du ghetto. À la recherche d'une bouée de sauvetage, Marley rend visite à Lee « Scratch » Perry, avec qui il avait déjà collaboré à Studio One et qui vient de signer le succès anglais de l'automne, l'instrumental de ses Upsetters *Return Of Django*.

« Bob était parti en Amérique, je crois, et il n'avait pas entendu mon drôle de son, se souvient Lee « Scratch » Perry. Il a dit : « Scratch, on a une chanson, et honnêtement j'aimerais vraiment travailler avec toi. » Je lui ai répondu que je ne tenais pas à travailler avec un chanteur, car à cette époque je faisais des instrumentaux. Et puis j'étais usé et arnaqué par Coxsone, et j'avais décidé d'ÉNERVER. Mais j'ai regardé à l'intérieur de Bob et j'ai senti au fond de moi que quelqu'un l'avait envoyé. Il est entré. Je ne voulais pas le faire. Définitivement. Je n'avais pas besoin de lui, je n'avais pas besoin de son aide ou de quiconque, moi j'avais déjà mes vibrations ÉNERVANTES, ça me suffisait. Mais Bob m'a entendu et il a voulu me rejoindre et j'ai dit d'accord, parce que j'ai vu que quelqu'un l'avait envoyé et qu'il avait besoin d'aide. Je ne voulais pas de chanteurs, et puis ils se conduisaient comme des voyous, ils ne sentaient pas très bon, et je préférais continuer mes instrumentaux. »

La collaboration entre Bob Marley, Peter Tosh, Bunny Livingston et Lee Perry va révéler le génie artistique de Marley. Mais aussi celui de Perry, dont les innovations, les compositions, les interprétations, les excentricités et les trouvailles en studio vont éblouir la décennie qui commence. Sa nouvelle formation, les Upsetters (deuxièmes du nom) comprennent les frères Aston « Family Man » (basse) et Carlton « Carly » Barrett (batterie), qui accompagneront désormais Bob Marley jusqu'à la fin de sa vie. Ensemble ils allaient lancer la deuxième phase de la révolution noire, la Deuxième Partie de la Revolution Soul (album *Soul Revolution Part II* où ils apparaissent habillés dans le style des Panthères noires, mitraillettes – en plastique – au poing), une révolution du mot, du son et de la puissance qui allait d'abord conquérir la

Jamaïque, puis le monde entier avec la musique reggae à la gloire de Jah Rastafari.

Bob Marley & The Wailers graveront avec Scratch des chefs-d'œuvre comme *Sun Is Shining, Kaya, Man To Man, Soul Rebel, Concrete Jungle* et une reprise du *Keep On Moving* de Curtis Mayfield, le chanteur préféré de Marley. Pour beaucoup, c'est la meilleure période de Marley. Au total de quoi remplir quatre albums, enregistrés en à peine un an et demi. Mais seuls quelques morceaux comme les excellents *Duppy Conqueror* ou *Don't Rock My Boat* ont un peu de succès. L'heure de Bob Marley n'est pas encore venue. 1970 voit surtout l'explosion du style vocal DJ dominé par U Roy, et l'émergence du rythme *one drop*, dont le tempo se ralentit de jour en jour. Il atteindra des records de lenteur en 1973, comme en témoigne par exemple l'album *Revolution Dub* de Lee Perry & The Upsetters où le sampling d'extraits d'une comédie télévisée anglaise anime un délire dub onirique émaillé d'interventions vocales surréalistes de Scratch Perry, véritable Salvador Dali du reggae. Le *Boom Shacka Lacka* de Hopeton Lewis chez Treasure Isle gagne le concours du festival de la chanson de l'année, mais le son de l'époque est encore dominé par les productions Studio One de Clement Dodd et Beverley's de Leslie Kong. L'influence de Prince Buster recule déjà, et les jeunes producteurs Bunny Lee (Pat Kelly, *How Long*), Lee Perry (lui-même chanteur), les frères Vincent « Randy » & Clive Chin (Lloyd Parks, Impact All Stars, etc.), Sonia Pottinger, Lloyd « The Matador » Daley (Wailing Souls, Dennis Brown, Paragons, Big Joe, Sir Lord Comic, U Roy, U Roy Junior, etc.), Lloyd Charmers, Rupie Edwards, Joe Gibbs (The Immortals, Versatiles avec Junior Byles, Ken Parker, Slickers, Peter Tosh, Dennis Brown), Derrick Harriott (Kingstonians, Ethiopians, Dennis Brown, Scotty), Clancy Eccles (Dynamites, King Stitt, Alton Ellis, etc.), le très pro Harry Mudie (Count Ossie, Heptones, Eternals avec Cornell Campbell, I Roy, etc.), Winston « Niney » Holness, Harry « J » Johnson entre autres prennent peu à peu de l'importance.

Le jeune producteur Herman Chin-Loy lance Augustus Pablo, un organiste célèbre pour son utilisation d'accords mineurs sur son mélodica (petit clavier dans lequel on souffle comme dans un pipeau), ce qui donne un son irréel, le style « far east » présumé oriental qui donnera quelques-uns des chefs-d'œuvre du dub. En 1972, Pablo fondera sa propre marque, Rockers International. Winston Riley, des Techniques, a fondé en 1968 le label Techniques. Il sera un des premiers à réenregistrer et à recycler les rythmiques déjà éprouvées sur les dancehalls et à les réutiliser pour de nouveaux morceaux, une technique jamaïcaine typique des délires dub que l'on retrouvera bientôt, là encore, dans le hip-hop.

Profession mixeur. Dès 1970, Joe Gibbs fait systématiquement mixer (terme anglais pour mélanger) par son ingénieur Erroll Thompson une version instrumentale de la face A de ses quarante-cinq tours de reggae afin qu'elle figure en face B de ceux-ci. Bunny Lee, qui n'a pas de studio à lui, économise de nouveaux frais de studio en réalisant différentes versions de ses enregistrements. Cette pratique a aussi l'avantage de prolonger la vie des chansons les plus populaires lors des soirées, puisque les auditeurs lassés découvrent alors une nouvelle version au mixage plus original, sans la voix. Bientôt tous les quarante-cinq tours de l'île proposeront une version de la face A en face B. Et puis les accompagnements (les « rhythms » ou « riddims ») de rock steady et du dernier-né des rythmes, le reggae, resservent à d'autres fins. On peut bientôt entendre des chanteurs qui enregistrent leur voix sur un rythme créé pour une autre chanson. Apparaissent aussi des solos d'orgue (comme le

Double Barrell d'Ansel Collins, gros succès en Angleterre, suivi en 1973 de son *Stalag 17*), de saxophone (*Return Of Django* des Upsetters), etc., ce qui permettait de publier d'autres versions encore, des disques différents sans avoir à payer à chaque fois les musiciens d'accompagnement. Comme U Roy, les DJ enregistrent alors eux aussi leurs interventions sur les versions. Vers 1970, Tubby acquiert une machine à graver les dub plates/laques qu'il vend aux sound systems, principaux clients dans l'île car la radio ne passe toujours pas de reggae, et l'immense majorité du public n'a pas de quoi acheter de disques. Cette même année, Trojan publie en Angleterre l'album « More Dub » du DJ Johnny Lover (qui immortalisera aussi sa voix sur de nombreuses versions des titres de Bob Marley).

En 1971, Tubby travaille pour des producteurs/réalisateurs comme Augustus Pablo et Glen Brown. En 1972, il achète un magnétophone à deux pistes qui lui permet d'expérimenter avec des effets de son, sans pour autant devoir les graver sur laque. Il utilise d'abord des musiques réalisées par les producteurs Lee Perry et Bunny Lee. Puis avec l'arrivée du magnétophone à quatre pistes, il peut séparer les parties de basse, de batterie et de voix des autres instruments et réaliser des mixages plus créatifs, plus complexes, et plus efficaces encore. King Tubby développe et raffine alors le dub.

Ses talents d'ingénieur du son font merveille. Il introduit l'utilisation de potentiomètres à glissière, d'effets de phasing, de delay, bricole et améliore lui-même sans arrêt son matériel installé au studio Dynamic Sounds. Il travaille bientôt pour la plupart des producteurs de l'île et réalise des versions dub d'un grand nombre de classiques du reggae, une musique par ailleurs en pleine explosion créative dans toute l'île, notamment avec le rythme « one drop ». Il ouvre à Waterhouse un petit studio à quatre pistes pour gravure et mixage seulement (l'endroit est trop exigu pour y mettre des musiciens). Son importance est telle que, dès le début 1972, sur des faces réalisées par « Prince » Tony Robinson, Tubby est crédité comme *« mixer »*, un nouveau corps de métier qui jusqu'ici se confondait avec le seul ingénieur du son. Il remixe notamment des musiques enregistrées par Lee « Scratch » Perry qui deviendront *Blackboard Jungle Dub*, un des premiers albums – et chefs-d'œuvre – du genre (1973).

Chapitre 8

L'âge d'or du reggae

En 1971, Delroy Wilson grave *Better Must Come* (qui contribuera à l'élection du socialiste démocrate Michael Manley, qui en fera un slogan l'année suivante) pour Bunny Lee. Eric Donaldson chante *Cherry Oh Baby* qui gagne le concours du festival de la chanson (et sera bientôt enregistré par les Rolling Stones). Gregory Isaacs, un jeune chanteur du ghetto à la voix douce, délicate et sensuelle, archétype du héros populaire, crooner romantique à la fois sucré et émouvant, fait irruption avec une série de succès comme *Love Is Overdue*. Il deviendra, comme Dennis Brown, un des chanteurs les plus consistants et les plus inaltérables du reggae, signant des centaines de bijoux, le plus souvent loin des feux du succès à l'étranger.

Aux États-Unis, Paul Simon a quitté le duo Simon & Garfunkel. Il enregistre *Mother & Child Reunion* à Kingston, le premier reggae chanté par un Blanc. Son succès est international, accomplissement que n'obtiennent pas les vedettes locales pourtant très méritantes. Inversement l'Américain James Brown fait un tabac monstre en Jamaïque avec *Hot Pants* et sa partie de basse irrésistible. La musique soul, particulièrement riche à cette époque, cohabite avec l'explosion des nouveaux styles reggae qui se multiplient. Le 9 août, Leslie Kong est emporté par une crise cardiaque, et avec lui disparaissent les fameux disques Beverley's. Le style « early reggae », rapide, nerveux, qu'il a été capable de faire découvrir à l'étranger avec Desmond Dekker, les Maytals, les Melodians, les Pioneers notamment, ne lui survivra pas longtemps. Au fil de 1972, le tempo du reggae va se ralentir, le son s'élargir, la basse s'alourdir encore, annonçant le reggae moderne. Depuis le succès de U Roy en particulier, les thèmes rastas se répandent, et l'Afrique devient peu à peu un sujet privilégié par les nouveaux artistes du reggae. Cette orientation vers le commentaire social n'est pas nouvelle en Jamaïque depuis (au moins) les premiers skas de Prince Buster. Mais les chanteurs (il y a toujours assez peu de chanteuses au pays des machos) utilisent cette nouvelle musique comme un médium pour diffuser la culture rebelle rastafari. De nombreux chrétiens se laisseront pousser les cheveux en signe d'allégeance à Jah Rastafari. Ils cesseront en principe de manger des animaux et de consommer de la nourriture en boîte, préférant les aliments « Ital » (« naturels »). Le mouvement rasta est si important que la campagne électorale du socialiste démocrate Michael Manley (People's National Party, PNP) est marquée par une apparition en public où il arbore ostensiblement une baguette, le « rod of correction », qui lui a été donnée en Éthiopie en 1970 par Sa Majesté Haïlé Sélassié Ier en personne. Bien que les rastas soient ouvertement apolitiques et que les opinions politiques restent discrètes en raison des risques de violence, ce symbole impressionne beaucoup de Jamaïcains et contribuera à son élection. Bob Marley & The Wailers, comme d'autres, chantent malgré tout pour lui lors de la campagne, mais c'est plus pour le cachet qu'ils touchent que pour son approche économique de gauche, qu'ils comprennent mal. Marley est d'ailleurs revenu au premier plan pour la première fois depuis 1965 avec le succès autoproduit *Trench Town Rock* (Tuff Gong). En arrivant devant les locaux de la JBC (radiotélévision nationale),

Michael Manley déclare : « Ce sont les murs de Jéricho. » La presse le compare à Josué, et assimile son opposant au (méchant) pharaon, ce qui renforce considérablement son image, un atout biblique déterminant quand on connaît la mentalité locale. Son programme de changements sociaux est d'ailleurs carrément suggéré par des disques des habitants des ghettos comme les Wailers, Niney, Junior Byles *(Joshua Desire)* ou Max Romeo *(Let The Power Fall For I).*

The Harder They Come. À Kingston, le fantastique DJ Big Youth (dans le civil un redoutable tueur dans les ghettos, comme beaucoup de rudies devenus chanteurs) explose avec un style vocal mi-chanté mi-parlé qui séduit toute l'île. Il prend la place numéro un occupée par U Roy, et les disques de nouveaux DJ font florès. Dès 1972, tous les quarante-cinq tours jamaïcains sortent avec une version instrumentale remixée, une version ou dub en face B utilisée par les DJ qui s'amusent à toaster par-dessus avec leur propre voix, en direct dans les soirées de leurs sounds. Des dizaines de DJ comme Scotty, Dennis Al Capone, Johnny Lover, I Roy, U Brown (DJ du sound de King Tubby), U Black, Prince Jazzbo, Prince Far I, Jah Stitch, Ranking Joe, Dillinger, Trinity, Tappa Zukie prennent déjà le relais et imposent leurs styles, tous bien différents. Le discours rasta, mal compris mais fascinant par sa cosmologie, est désormais omniprésent dans le reggae. Il est par contre très mal accueilli par la société en place.

Peter Tosh témoigne : « Le système est contre les rastas universellement. Pas seulement en Jamaïque. Parce que les rastas arrivent avec la vérité. Le système ne se bat pas avec une organisation, sauf si elle dit la vérité. C'est comme ça qu'on sait que les rastas disent la vérité. Les anglicans, les catholiques, les baptistes, il y a tant d'organisations qui te diront qu'ils sont la lumière et la vérité. On leur permet de monter leur Église et leur organisation, on les laisse faire tout ce qu'ils veulent pour qu'ils gagnent l'âme et l'esprit des gens et les induisent en ignorance, en fantasmes. Mais quand le rastaman parle, lui qui n'a ni Église ni organisation, ils entendent une vérité rigide, complètement destructive pour leur monde de mensonges et de fantasmes. Le shitstème de Babylone prêche l'ignorance. Et l'ignorance c'est la mort. »

Gregory Isaacs, Jacob Miller, les Abyssinians, Max Romeo, Dennis Brown, Freddie McGregor, Winston Jarrett, Peter Tosh, Cornell Campbell, Beres Hammond (Zap Pow), Bunny Wailer, Burning Spear, Bob Marley ou Horace Andy ont pris le pli rasta, qu'ils revendiquent haut et fort. Le rastafari est très à la mode. Les percussions nyahbinghi des bongos de Count Ossie et Mystic Revelation Of Rastafari marquent l'époque. Yabby You, un génial et jeune producteur chanteur indépendant, est un « Jesus Dread » pour qui la divinité suprême est dans le cœur de l'homme, et pas dans le messie rastafari.

Bunny Lee publie le gros succès de John Holt *Stick By Me*. L'ébullition créative de cette nouvelle musique – renouvellement des rythmes, dub, DJ, richesse des compositions, des arrangements, des interprètes – contribue à faire grandir un intérêt au-delà des mers. Perry Henzell, producteur indépendant de films publicitaires en Jamaïque, a mis quatre ans à financer et tourner son premier – et unique – long métrage, *The Harder They Come* (« Tout tout de suite ») dont il est aussi l'auteur et le réalisateur. Avec une opiniâtreté typiquement jamaïcaine, il distribue lui-même le film dans les salles anglaises et américaines. Il y raconte l'histoire d'un rude boy arrivé de la campagne, joué par Jimmy Cliff (vingt-quatre ans), qui cherche à devenir chanteur mais, en raison de la difficulté qu'il a à percer, devient un criminel qui goûte de la cravache et du pistolet de la police, très crainte dans le contexte de plus en plus violent des ghettos. Ce classique du cinéma fait découvrir la réalité crue du reggae au public rock international. Il contient la fantastique performance de Cliff enregistrant ce qui restera la chanson emblématique du style « early reggae », et qui donne son titre au film. Pendant ce temps, à Londres, Chris Blackwell est devenu milliardaire avec ses disques Island, qui produisent des artistes de rock progressif comme Stevie Winwood, Fairport Convention, Cat Stevens, Free, King Crimson, Jethro Tull, et Emerson Lake and Palmer. Réalisant qu'avec ce film, la musique de son pays attire le public, il propose à Jimmy Cliff de renouveler son contrat avec de meilleures conditions. Mais Cliff, sentant la revanche proche, refuse et signe avec EMI. Dès lors, à quelques exceptions près, il ne touchera plus au reggae et se consacrera à la variété internationale sans jamais vraiment plus chanter de merveilles comme le slow *Many Rivers To Cross*.

Blackwell, furieux, craint que l'artiste au plus fort potentiel du reggae ne lui échappe, et qu'il doive se contenter de la seule musique du film, tout au plus une excellente compilation. C'est alors qu'un Jamaïcain sans le sou, qui vient de publier un quarante-cinq tours de reggae-variétés sans succès chez Columbia-Londres le fait demander à la réception.

Les Wailers. Débarquant de Suède, où il aidait Johnny Nash à composer des chansons, au bout du rouleau, échoué en Grande-Bretagne par cet automne glacé, sans billet de retour, Bob Marley vient tenter sa chance chez Island. Blackwell le reçoit en octobre 1972, et lui confie huit mille livres sterling pour enregistrer. Par souci de marketing, l'astucieux Blackwell veut une image de « groupe de rock noir », un concept créé de toutes pièces car en Jamaïque les concerts n'existent quasiment pas (en dehors des grands hôtels) : les chanteurs sont seulement accompagnés par des professionnels en studio. Blackwell fait rallonger les morceaux par des montages et demande que des solos de guitare (joués par un Anglais), et de l'orgue (exécuté par un Texan), soient ajoutés aux rythmiques des frères Barrett et Tyrone Downie. C'est lui, enfin, qui choisit le nom du groupe, les Wailers. « Je crois qu'il fallait une sorte de traduction pour que le public accroche au reggae. Le groupe était d'accord avec moi. J'en suis sûr, parce qu'ils étaient loin d'être timides, et quand ils avaient quelque chose à dire, ils ne s'en privaient pas ! » L'album *Catch A Fire* (Island 1973) obtient un succès d'estime en Angleterre.

Aux États-Unis, une campagne de calomnies désastreuse fait croire que Manley, élu le 29 février contre le proaméricain Seaga, est l'allié idéologique de Fidel Castro. Quand Manley introduit une taxe sur les bénéfices de la bauxite, seule véritable richesse minière du pays (exploitée par des sociétés américaines et étrangères), un bruit court que des nationalisations d'industries sont prévues. Le cours du dollar jamaïcain s'effondre, et les capitaux fuient. Des médecins, des avocats et une bonne partie de l'élite intellectuelle partent pour les États-Unis. La Jamaïque, sans investisseurs étrangers, est exsangue. Elle mettra vingt ans à se remettre de ce coup porté à son économie. Le chômage et la misère s'accentuent encore. Manley, qui montre une certaine sympathie envers les rastas, encourage l'industrie du reggae, qui affirme l'identité non américaine, non coloniale de la Jamaïque. Car comme le chantera Bob Marley dans *Rat Race* (« la course de rats ») un an plus tard, « Rasta ne travaille pas pour la CIA ». Avec le message rasta qui se substitue à celui des chrétiens, outre les chansons d'amour poignantes, le reggae reflète ouvertement l'espoir de sortir de l'oppression. Il aide ainsi de plus en plus de Jamaïcains à supporter le quotidien. La vie à Kingston est d'autant plus dure que les alentours du ghetto de Trench Town sont le théâtre d'affrontements armés entre les partisans de Manley et de Seaga. Cette véritable guerre tribale s'est accentuée avant les élections, financée par le trafic d'influences, le trafic de chanvre, d'armes américaines, et de cocaïne sud-américaine.

Après une tournée en Angleterre au printemps, les Wailers ne percent toujours pas. Bunny quitte Marley. Il est remplacé par Joe Higgs. Après quelques concerts américains en première partie de Sly & The Family Stone et un deuxième album chez Island, bien accueilli, Peter Tosh largue à son tour les Wailers. Lee Perry publie alors une compilation de quarante-cinq tours de Marley, *African Herbsman*, chez Trojan en Angleterre. Les frères Barrett étant partis avec les Wailers, les nouveaux Upsetters sont généralement regroupés autour de Boris Gardiner (basse) et Michael « Mikey Boo » Richards (batterie). Prince Buster se retire déjà à Miami, où il a investi dans les juke-boxes.

Quant à Studio One, Coxsone est de plus en plus concurrencé par des producteurs indépendants. Les productions de Bunny Lee remixées par King Tubby lui font beaucoup d'ombre. Les nouveaux chanteurs de bon niveau se comptent par centaines.

Le style Lee. « Striker » Lee enregistre tous les artistes dominants de l'époque. Il élabore un son très efficace, développant le frais style one drop en différents sous-genres, comme le « flying cymbal » où la basse est particulièrement énorme. Ce style marque 1973-1975 au fer rouge. Trojan distribue en Angleterre plusieurs de ses classiques de Cornell Campbell, Slim Smith, John Holt, Eric Donaldson, Johnny Clarke, Pat Kelly, Derrick Morgan. Son ami Lee « Scratch » Perry utilise souvent les mêmes musiciens que lui, les frères Barrett, ou, sous le nom des Aggrovators, Robbie Shakespeare et son équipe.

Les premiers albums intégralement dub, pressés à peu d'exemplaires, commencent à apparaître en 1973. En 1973-1974, King Tubby travaille presque quotidiennement pour Bunny Lee, le producteur le plus influent de l'époque. Tubby remixe toutes les faces A (chantées) et B (dub) des quarante-cinq tours des artistes de « Striker » Lee. Il se charge aussi de l'enregistrement des voix dans son petit studio. Les dubs des meilleures rythmiques des Aggrovators mixées par Tubby donneront plus tard un premier album, l'excellent *Dub From The Roots* (1975) puis *None Shall Escape*, un disque entièrement composé de dubs des succès de Johnny Clarke, chanteur dominant de l'époque. Tubby mixe un autre chef-d'œuvre, *King Tubby Meets Rockers Uptown* pour et avec Augustus Pablo au mélodica. Pour d'autres producteurs encore comme Winston « Niney » Holness, Tubby mixe aussi des albums essentiels comme *Dubbing With The Observer*, et pour Vivian « Yabby You » Jackson *King Tubby's Prophecy Of Dub*. Avec son célèbre ingénieur Sylvan Morris, « Coxsone » Dodd se met à remixer son imposant catalogue Studio One et publiera lui aussi plusieurs albums de dub *(Dub Store Special*, etc.*)* où figurent des arrangements de basse-batterie qui seront copiés par des générations de musiciens locaux, et recyclés pour accompagner des myriades de nouvelles chansons.

Ce principe du recyclage des rythmiques est un autre trait typique de la culture des dancehalls jamaïcains. Dix ans ou quinze ans plus tard, cette pratique se généralisera dans la variété internationale. Pourtant, son origine jamaïcaine est mal connue, car le reggae chanté est publié en Europe sous forme de trente-trois tours : les versions remixées des faces B ne sont donc connues que des connaisseurs qui achètent des quarante-cinq tours en import. Parallèlement, quelques albums de dub sont publiés, mais ils sont coupés de leur contexte de face B remixée. D'ailleurs beaucoup de dubs, notamment ceux de Bob Marley & The Wailers, ne sont pas publiés hors de Jamaïque, malgré leur grande qualité.

L'Arche noire. En janvier 1974, Lee « Scratch » Perry, qui enregistrait jusque-là chez Dynamic Sound et Randy's, ouvre enfin son propre studio, le bientôt légendaire Black Ark (« l'Arche noire », l'arche de l'alliance de la Bible cachée en Éthiopie selon la liturgie éthiopienne) où il enregistrera des centaines de merveilles. Son reggae, souvent très lent, au son profond, préfigure déjà le « deep groove » des années 1990.

Duke Reid (Treasure Isle), producteur historique des perles les plus raffinées du rock steady, s'éteint en 1974. Le chanteur producteur Rupie Edwards sort *Yamaha Skank*, un splendide album qui contient douze remix/versions du seul succès de Slim Smith *My Conversation*. C'est le premier album « one rhythm », un genre de compilation qui fera tache d'huile en 1985.

Tout le monde n'apprécie pas l'orientation rasta et dub qui se répand à cette époque. Sur la pochette de l'excellent album de ska des Maytals *The Original Golden Oldies volume 3*, Prince Buster lui-même écrit : « Nous sommes dans les années soixante-dix et la nation réclame la musique des années cinquante. En Jamaïque on entend couramment que la musique d'aujourd'hui est bonne à jeter. Sur les stations R.J.R. et J.B.C. la musique des années cinquante domine la diffusion, et quand ils parlent de la musique d'aujourd'hui, les disc-jockeys des deux stations font l'éloge de la musique d'hier. Je cite les disc-jockeys : « La musique d'aujourd'hui n'est rien. L'art est parti. Les paroles sont pauvres et monotones. » La musique d'hier « portrayait » la Jamaïque. Aujourd'hui on entend cent nouvelles chansons et tout ce qu'elles disent c'est : « Comme je te dis, Lion. » [...] Oh ! Comme on s'amusait bien ! En écoutant les disques d'hier les souvenirs reviendront vous inonder. Et comme la musique est la nourriture de l'amour, passez-la pour l'éternité... Ils ont utilisé des fusils pour salir les bons moments et pour nous forcer à écouter une musique sans goût et sans aucun sens. Même mon dieu est en colère, et ils devront rendre des comptes pour leurs péchés au jugement dernier. »

Chez Island à Londres, Chris Blackwell a quitté Trojan qu'il avait fondé à Londres, puisque Island est revenu au reggae. Il donne une cassette du nouvel album des Wailers, *Burnin'*, à Eric Clapton, superstar du rock de l'époque. Clapton enregistre alors une version du *I Shot The Sheriff* de Marley. Ce sera son seul numéro un aux États-Unis. Et soudain, tout le monde s'intéresse au mystérieux compositeur du morceau... qui finit au même moment son extraordinaire premier album solo, avec pour choristes le I Three composé de sa femme Rita, et de deux autres vedettes féminines locales, Marcia Griffiths et Judy Mowatt. L'album *Natty Dread*, un grand chef-d'œuvre, est publié sous le nom Bob Marley & The Wailers. Troisième succès d'estime, mais toujours pas de ventes sérieuses.

Au même moment (1974), à New York dans le Bronx, Clive Campbell alias Kool DJ Herc, un émigré jamaïcain, organise des fêtes de rue à la mode jamaïcaine dans son quartier. Il branche des tourne-disques sur lesquels il passe des disques de funk américain en utilisant les techniques inventées par les *selecters* et les DJ jamaïcains : avec Coke La Rock au micro, il répète des passages instrumentaux, passe d'un disque à l'autre sans perdre le rythme, ajoute des sons bricolés dans les mix selon le principe du dub, etc. Ainsi c'est la communauté jamaïcaine, très présente à New York (surtout à Brooklyn, où s'est installé Studio One depuis) qui introduit la culture DJ des dancehalls aux États-Unis. Mélangée au funk local, elle va vite se métamorphoser en rap, en hip-hop et enflammer les quartiers noirs de New York.

Chapitre 9

Le reggae à la conquête de l'Europe

En 1975, Bob Marley & The Wailers jouent au Lyceum de Londres. Une importante opération de promotion draine au concert de nombreux journalistes et critiques de rock, intrigués par ce Jamaïcain qui a composé le plus gros tube de leur superstar londonienne préférée, Eric Clapton. La puissante prestation du groupe, capturée sur l'album *Live !*, crée la sensation. Bientôt, les radios diffusent la version de *No Woman No Cry* enregistrée en public ce soir-là. Chris Blackwell a réussi son pari. Marley et ses Wailers s'imposent en tant que « groupe de rock noir » au moment où disparaît le messie rasta, Haïlé Sélassié Ier, après un coup d'État sanguinaire manipulé par Moscou (prémices d'une très longue et cruelle guerre civile). Marley enregistre une chanson pour lui, *Jah Live*, bientôt suivie de *War*, un de ses grands classiques, où il mettra en musique le texte prononcé par Sélassié en 1963 à l'O.N.U.

Face au succès de Bob Marley, Chris Blackwell réagit vite. Alors qu'aucun autre *béké* (riches familles blanches des Antilles) ne se serait abaissé à adresser la parole à un musicien rasta, ce producteur blanc, ancien étudiant en Angleterre, qui adore sincèrement la musique, part pour la Jamaïque, son pays, et rencontre différents producteurs avec qui il signe des licences d'exploitation de quarante-cinq tours déjà enregistrés. Il les réunit sur des albums compilations, plus adaptés au marché européen. Dans l'univers en ébullition d'une île au sommet de sa créativité, il lui est facile de dénicher des merveilles, qu'il choisit avec un goût très sûr. En cherchant à faire découvrir la musique de son pays, Blackwell a trouvé un défi à sa mesure. En cinq ou six ans, sa marque Island publiera certains des meilleurs albums d'artistes remarquables comme Toots & The Maytals *(Funky Kingston)*, Bunny Wailer *(Black Heart Man)*, les Heptones, Lee « Scratch » Perry, Pablo Moses *(A Song)*, Jimmy Cliff, Junior Murvin *(Police And Thieves)*, Max Romeo *(War Ina Babylon*, 1975*)*, I Jah Man, Gregory Isaacs, Black Uhuru, Sugar Minott, Dillinger, Jacob Miller/Inner Circle, Jah Lion *(Colombia Colly)* et bien d'autres... Un des premiers disques qu'il diffuse en Angleterre est celui de Third World, un groupe dirigé par un rasta violoncelliste, guitariste, chanteur et multi-instrumentiste doué, Cat Coore, le fils du vice-premier ministre de Jamaïque, David Coore. Third World, très professionnel, bien organisé, aura un succès international considérable *(96º In The Shade)*. En 1975, Island publie *Marcus Garvey*, le chef-d'œuvre du chanteur Burning Spear qui contribue à marquer du sceau rasta le reggae en vogue hors de l'île. D'autre part, le *Life Of Contradiction* prérockers de l'ex-Wailers Joe Higgs est un des incontournables de l'année.

Rockers. À Portobello Road, Londres, Richard Branson, un aventurier directeur de la petite marque Virgin, qui vient de faire fortune avec la musique du film *L'Exorciste* enregistrée par Mike Oldfield, mise lui aussi sur le reggae.

Il engage un connaisseur du genre, un géant barbu appelé Jumbo, qui part pour la Jamaïque. Jumbo y rencontre Joe Joe Hookim, un jeune producteur du ghetto. Hookim dirige un nouveau studio, Channel One, construit dans un quartier très dangereux situé au cœur de la zone la plus miséreuse de Kingston, près de Trench Town. Hookim travaille avec des jeunes musiciens en train de créer un son nouveau, au swing différent, qu'ils nomment « rockers » (« balancements »). Parmi eux, les bassistes Clynton Rowe, Bertram « Ranchie » Mc Lean, et surtout Lloyd Parks et Robert « Robbie » Shakespeare. Robbie, des Aggrovators du producteur Bunny Lee, est un élève du déjà légendaire bassiste « Family Man » Barrett, qui lui a offert sa basse Hofner en forme de violon. À la batterie dans l'équipe de Channel One, on retrouve souvent un certain Lowell « Sly » Dunbar, ex-Upsetters et Skin Flesh And Bones. Ces deux musiciens exceptionnels, que le monde découvrira bientôt sous le nom de Sly & Robbie, deviendront parmi les plus cotés de la planète. Ils enregistrent à cette époque sous le nom des Revolutionaries. Leur premier album dub présente un portrait de Che Guevara en couverture. Le commando basse-batterie le plus célèbre du monde est né depuis peu quand Jumbo arrive sur Maxfield Avenue, où il entend leur nouveau style « rockers ». Quelques dollars plus tard, Jumbo repart avec une pile de bandes au son frais et inédit de Channel One, qui commence déjà à révolutionner les dancehalls sous le label Well Charge. Armé de son mélodica (flûte-orgue à clavier), l'organiste Augustus Pablo produit plusieurs morceaux « rockers » et fonde son label... Rockers

La créativité frétille à Kingston, où John Holt et le « gun man » Leroy Smart (*Ballistic Affair*) enregistrent beaucoup à Channel One. Les producteurs Joe Gibbs (Junior Delgado, Gregory Isaacs, Junior Byles, Mighty Diamonds, Cornell Campbell, Earl Sixteen, et le *Money In My Pocket* de Dennis Brown) et Errol Thompson (connus sous l'appellation The Mighty Two), Augustus Pablo, Bunny Lee et Lee Perry sont plus prolifiques que jamais. De nouveaux DJ comme Clint Eastwood, Trinity, Ranking Joe, le chauve Nigger Kojak et Bo Jangles surgissent. Le producteur et chanteur rasta de la foi « Jesus dread » Yabby You publie des merveilles souvent mixées par King Tubby (Jah Stitch, Trinity, Big Youth, et les chanteurs Wayne Wade, Tony Tuff, Michael Prophet, et le plagiaire d'Horace Andy, Patrick Andy, etc.). Pablo Moses publie son « Revolutionary Dream ».

English reggae. Le *Uptown Top Ranking* d'Althea and Donna (avec Sly & Robbie à Channel One) est un gros succès en Angleterre, où la première génération de musiciens anglais d'origine jamaïcaine arrive à maturité. Les Cimarons accompagnent les chanteurs jamaïcains en concert à Londres depuis le début de la décennie. Le producteur Dennis Harris, appuyé par Dennis Bovell, crée en 1975 un style de reggae spécifiquement anglais, le « lover's rock » au son doux, commercial, surtout interprété par de jeunes femmes, une nouveauté ! Elles y chantent souvent des morceaux légers adaptés ou repris de la soul américaine.

Aswad (qui accompagne Burning Spear pour son *Live*) et Matumbi essayent de percer à Londres, où se multiplient les musiciens de reggae « one drop ». Dennis Brown ouvre une boutique qui distribue sa marque, Deb, et les sound systems se répandent. Quelques jeunes musiciens blancs commencent à s'intéresser au reggae. Parmi eux, Johnny Rotten des Sex Pistols, les musiciens de Clash (qui jouent une des meilleures productions de Scratch, le *Police And Thieves* de Junior Murvin, sur scène) ou les Stranglers, tous encore inconnus, tendent déjà l'oreille. Plus au nord dans la banlieue d'Handsworth, à Birmingham, où vit une grande communauté jamaïcaine, un jeune groupe rasta se distingue en se déguisant sur scène avec les sinistres capuches et défroques du Ku Klux Klan. Mené par le radical David Hinds, Steel Pulse impose ses superbes compositions et des harmonies vocales originales. Chris Blackwell finance leur premier album, qui sort chez Island et rencontre un énorme succès.

En 1976, Bob Marley est la nouvelle superstar. Son album *Rastaman Vibration* est listé dans les dix meilleures ventes jusqu'aux États-Unis. La France découvre peu à peu Marley et le reggae, dont parleront beaucoup les influents magazines *Rock & Folk* et *Best*.

En octobre, la révélation new-yorkaise du rock de l'époque, le fer de lance et précurseur du mouvement punk Patti Smith invite le DJ jamaïcain Tappa Zukie sur une grande scène de Londres. Zukie, une gâchette du ghetto de Trench Town, ancien garde du corps de Bunny Lee, est en exil à Londres par mesure de sécurité. C'est là qu'il a trouvé le succès avec une série de quarante-cinq tours dans le nouveau style « rockers » comme *MPLA* et *Pick Up The Rockers* dont raffole le public exclusivement noir des sound systems anglais. Tappa Zukie est le premier Jamaïcain à connaître le succès à l'étranger avant d'être connu en Jamaïque. *MPLA* est interprété sur une reprise de la rythmique du *Freedom Blues* de Roy Richards (créé avec Leroy Sibbles à la basse) empruntée au *The Rill Thing* du rocker Little Richard. Tappa y fait allusion à l'intervention de Cuba en Angola, que l'Afrique du Sud s'apprêtait à envahir. La Jamaïque s'intéresse de plus en plus à l'Afrique et le reggae le reflète.

C'est à ce moment que les disques Virgin créent la marque reggae Front Line, qui diffuse le son « rockers » rapporté par Jumbo. Un trio vocal superbe, les Mighty Diamonds, sort son *Right Time* chez Front Line (leur *Right Time* sera samplé en 1992 pour le *Mangez-Moi Mangez-Moi* de Billy Ze Kick !). Virgin publie aussi *Trench Town Mix Up*, le second album (le premier est chez Studio One) du formidable trio d'harmonies vocales mené par Albert Griffiths, les Gladiators. Les deux trios sont accompagnés par Sly & Robbie, qui introduisent ici les rythmiques « rockers ». Front Line publie aussi une série d'albums des grands classiques de U Roy, et les *Musical Shark Attack* et *Crisus Time* de I Roy, excellent DJ dominant de cette période. Suivront le *Rockers Time Now* de Johnny Clarke, chanteur vedette dans l'île (méconnu ailleurs), et plusieurs compilations. Virgin Front Line publie même une compilation de dubs de Channel One, *Vital Dub*. Le dub vit une explosion tant créative que quantitative à la fin de l'année. *Legalize It*, premier album solo controversé de Peter Tosh (le chanvre dont il fait l'apologie est toujours interdit en Jamaïque comme ailleurs), complète le tableau. C'est le grand âge d'or du reggae, tant pour sa qualité, ses innovations et sa variété que pour sa commercialisation, qui commence enfin à se développer en Europe.

Début décembre 1976, en pleine campagne électorale aux allures de guerre civile (Manley sera réélu), neuf tueurs sans doute manipulés par la CIA, dont le fameux Jim Brown (chef des hommes de main de l'opposant de Manley, Seaga), entrent chez Bob Marley à Kingston. Ils tentent de l'assassiner lui, sa femme, et leur nouvel imprésario Don Taylor, qui est atteint de six balles (il survivra par miracle). Rita est blessée, Bob est touché au bras et au torse. Résolus à ne pas céder à l'intimidation, Marley et les Wailers jouent tout de même deux jours après, comme prévu (Bob porte des bandages), au concert géant Smile Jamaica du Heroes National park devant 80 000 personnes, puis s'exilent à Londres. Manley décrit cet attentat dans son journal comme étant « une tentative de déstabilisation ».

Punky reggae party. Dans le petit Roxy Club, où les premiers punks anglais passent leurs nuits, le *selecter* est un rasta, Don Letts (futur membre de Big Audio Dynamite). Il n'existe pas assez de disques punk pour tenir toute la nuit : il passe du reggae. *Cocaine In My Brain*, le gros succès du DJ jamaïcain Dillinger (prononcer DillinJAH !) chez Island, est particulièrement apprécié. C'est un succès dans toute l'Europe.

Le style rockers, au tempo souvent rapide, au balancement bien différent du rythme « one drop », fait fureur en Jamaïque. Influencée par le dynamisme du funk américain, la rythmique de Sly & Robbie compte parmi les précurseurs des rythmes ultra-dansants de la disco qui déferle sur le monde cette année-là (un coup de grosse caisse sur chaque temps). Leurs dubs avec les Revolutionaries sont d'ailleurs des exemples frappants de l'influence qu'ils ont eue sur la house music (apparue en 1987) et la future techno. Le groupe jamaïcain de disco Boney M expédie une reprise d'un vieux succès du rock steady, le *Rivers Of Babylon* des Melodians, au sommet des ventes mondiales.

L'excellent *Two Sevens Clash* (pour Joe Gibbs) du jeune trio vocal Culture sort en Angleterre chez Lightnin'. Virgin les récupérera l'année suivante, tout comme Tappa (qu'ils épellent Tapper) Zukie, Gregory Isaacs, les Abyssinians, les Twinkle Brothers, Prince Far I, Althea & Donna, Big Youth, et Delroy Washington. Les artistes Island et Virgin, lancés tant bien que mal par des attachés de presse motivés, des concerts coûteux, de la publicité, vont faire beaucoup d'ombre aux autres artistes jamaïcains, créant un décalage important entre les goûts de la Jamaïque et les styles au succès international. C'est particulièrement vrai du son roots reggae de Bob Marley & The Wailers, qui incorporent un guitariste soliste américain (Al Anderson en 1974), puis anglais (Junior Marvin à partir de 1977), contribuant ainsi à créer un style « crossover » différent. Alors que le Clash enregistre un quarante-cinq tours très punk *(Complete Control)* avec Lee « Scratch » Perry à Kingston, Bob Marley enregistre un hymne « rockers » destiné à unifier les jeunes rebelles punk blancs, qui choquent l'Angleterre avec leur rock violent et revendicatif, et les Noirs rebelles du monde entier. *Punky Reggae Party* figure en face B de son énorme tube mondial *Jamming*. Marley y cite les Maytals, les Wailers, mais aussi les groupes de rock les Damned, le Jam, le Clash, et Doctor Feelgood qui se retrouvent à la même fête « new wave ». Marley enregistre plus de deux albums à Londres. Il a emménagé avec la Jamaïcaine blanche Cindy Breakespeare (Miss Monde 1976) pour la plus grande joie des paparazzi anglais...

Car le reggae est à la une. Les journalistes de la presse rock lui font de la publicité et le *Two Sevens Clash* de Culture est une des meilleures ventes du genre. En Jamaïque, les trios d'harmonie rastas qui utilisent beaucoup le mode mineur, comme Culture, les Wailing Souls, les Meditations, les Prophets, Israel Vibration ou Congo *(Heart Of The Congos*, une production magistrale de Lee « Scratch » Perry*)* sont en vogue. Avec le son original, inventif qu'il développe au fil des années soixante-dix dans son studio Black Ark, Perry marque le reggae d'une touche de génie. Il publie des centaines de quarante-cinq tours (des Upsetters, Junior Byles, Max Romeo, Carlton Jackson, Keith Rowe, les Heptones, George Faith, Jimmy Riley, Brent Dowe, et les DJ Prince Jazzbo, James Brown, Jah Lion, Lord Sassafras, etc.) alors que son comportement est de plus en plus bizarre. Son excentricité fait craindre pour sa santé mentale. La quantité de ses enregistrements n'a (le plus souvent, mais pas toujours) d'égale que leur qualité au cours de cette période magique. D'autres excellents producteurs comme Winston « Niney » Holness, Keith Hudson ou Glen Brown marquent l'époque, et le son des DJ dominants diffuse le message rasta avec force : Big Youth, I Roy, Dillinger, Prince Jazzbo, Prince Far I, Tappa Zukie, Doctor Alimantado, Jah Woosh, Jah Lloyd, U Roy et ses disciples U Brown, U Black, Ranking Joe, Ranking Trevor, Charlie Chaplin, Josey Wales, Brigadier Jerry et tant d'autres. Prince Jammy remplace Philip Smart au poste d'ingénieur du son principal de King Tubby.

LKJ, le poète dub. Les chanteurs importants en Jamaïque publient souvent des disques fabuleux, des chefs-d'œuvre impérissables mal connus en Europe tant la concurrence est rude. Parmi eux, Dennis Brown, Gregory Isaacs *(Soon Forward)*, Horace Andy (l'album *In The Light*, *Do You Love My Music*), Jacob Miller, Leonard Dillon/Ethiopians, John Holt, et les choristes de Bob Marley, Marcia Griffiths *(Steppin')* et Judy Mowatt *(Black Woman)*.

Virgin publie *Poet And The Roots*, premier album d'un jeune intellectuel de gauche anglo-jamaïcain qui sera bientôt arrangeur, réalisateur, producteur et poète du reggae, et à la fois journaliste, sociologue et musicologue : Linton Kwesi Johnson. LKJ écrit pour un petit journal militant londonien, *Race Today*. Il est un « dub poet », et crée ce nouveau genre, la poésie dub. Les rythmes qui l'accompagnent sont basés sur la prosodie de ses poèmes, élaborés et contestataires.

« Je pense que c'est un genre de reggae à part entière, indépendant de tous les autres, explique LKJ. Le poète part du verbe ; le DJ, lui, part d'un morceau de musique préenregistrée, et il ne se sert pas vraiment de la musique, mais seulement du rythme. Alors que la poésie dub a souvent une création d'orchestration complète. Si tu écoutes Mutabaruka ou Jean Binta Breeze, ils ont une instrumentation complète, avec section rythmique, cuivres, etc. Il y a une convergence des thèmes entre les poètes dub et les DJ. Mais le poète dub travaille avec ses publications par écrit autant qu'avec des disques : il faut que ça fonctionne en tant que poème. »

Contrairement aux rastas jamaïcains, mystiques et souvent (officiellement) apolitiques, LKJ est engagé à Brixton dans une logique révolutionnaire pragmatique, efficace, politiquement consciente, visionnaire. Il écrit et publie ses paroles en patois jamaïcain, et veut inscrire le mouvement noir dans la modernité et l'action politique concrète. Pour LKJ, le mouvement rasta a fourni les racines spirituelles du reggae, mais la lutte ne peut pas s'arrêter à ce « nationalisme noir » très présent en Jamaïque à cette époque : le remarquable *Equal Rights* de Peter Tosh, est par exemple un disque au son international, très militant et radical, critiquant les politiciens, en rejetant avec eux un énigmatique « la politique », flou et démobilisateur.

À Londres, un mouvement lancé par la presse rock hebdomadaire, Rock Against Racism, tente avec un certain succès d'unifier la jeunesse blanche et noire. Différentes manifestations protestent contre l'exploitation capitaliste (Margaret Thatcher sera bientôt élue) et contre de nombreux crimes racistes restés impunis. Ces attentats sont souvent accomplis ouvertement par des skinheads proches du National Front. Cette contestation est soutenue par la ligue anti-nazi, et par différentes organisations de gauche. Elles culminent lors d'un festival au parc Victoria à Londres qui réunit des artistes aussi divers que le Clash (rock punk), Steel Pulse (reggae militant rasta) ou Tom Robinson (militant gay).

Après plus d'un an et demi d'exil, Bob Marley (le triomphal double *Babylon By Bus* a été enregistré en public au Pavillon de Paris, Porte de Pantin, contrairement aux indications de la pochette) fait son retour en Jamaïque pour le concert pour la paix *One Love*. Il parvient à réunir sur scène les deux politiciens ennemis Manley et Seaga. Chacun lui passe un bras sur l'épaule pendant qu'il chante. Cet exploit au lourd sens politique est l'apogée de sa carrière, et le plus beau jour de sa vie. Mais dans les caisses de matériel loué aux États-Unis pour ce concert pour la paix, des armes de contrebande ont été dissimulées par les gâchettes de Seaga, qui perd de plus en plus le contrôle de sa milice.

La musique nyahbinghi (Ras Michael, Light Of Saba) est à la mode, comme toute la culture rasta. De véritables groupes calqués sur la formule de Bob Marley & The Wailers, comme Black Uhuru accompagné par l'équipe de Sly & Robbie, apparaissent. Augustus Pablo, très actif, produit aussi le *Africa Must Be Free By 1983*, une perle de Hugh Mundell. L'album *King Tubby Meets The Rockers Uptown* de Pablo et son mélodica est un chef-d'œuvre du dub qui commence à faire connaître Tubby à l'étranger. Les quarante-cinq tours se vendent souvent en raison du remixage dub de la face B, où l'ingénieur est crédité avec des titres comme *Drum & Bass By King Tubby*. D'autres grands producteurs comme Errol « E.T. » Thompson, Tommy Cowan, Joe Gibbs, Joe Joe Hookim, Tappa Zukie, Glen Brown, Niney, Yabby You, Gussie Clarke, Bunny Lee, Lee Perry, Lloyd Coxsone à Londres et bien sûr Coxsone Dodd à Kingston continuent à graver des dubs qui exercent une influence.

Aux armes, et caetera. En 1979 sort le magnifique film *Rockers* de Theodoros Bafaloukos avec Leroy « Horsemouth » Wallace (il deviendra batteur de Pierpoljak en 1997) dans le rôle principal. On y redécouvre le monde du reggae sept ans après *The Harder They Come*.

Forces Of Victory de LKJ, réalisé à Londres avec Dennis Bovell, est un succès européen qui impose le style « dub poet ». Il diffuse un brillant message moderniste militant de gauche, poétique et littéraire, laissant derrière lui une orientation rasta adaptée à l'Europe, telle qu'elle est chantée par Aswad, Steel Pulse et la plupart des autres groupes anglais.

L'Europe (France comprise) est marquée par le succès de *OK Fred*, une reprise d'un morceau de John Holt par Errol Dunkley, qui sort chez Celluloïd/Discodis. Ce nouveau label français (dirigé par deux indépendants, Gilbert Castro et son associé Georga « Jean » Karakos, venu de Music Union) se consacre au rock new wave, à la musique africaine et au reggae en commençant par éditer des albums de Dillinger, des Heptones et de Dennis Brown. Castro travaille avec les labels anglais Burning Sounds et Third World, eux-mêmes des distributeurs de productions jamaïcaines.

La musique jamaïcaine commence à marquer le monde entier. En Allemagne, le plus gros succès de Nina Hagen restera *African Reggae*. Mikey Dread (un DJ jamaïcain « atypiquement » issu de la radio) enregistre et se produit sur scène avec le Clash qui enregistre de plus en plus de reggae (et déjà du dub). L'influent John Lydon (ancien chanteur des Sex Pistols) fonde Public Image Limited, très influencé par le reggae. Une nouvelle vague pop prend forme en Angleterre. Venus de Coventry près de Birmingham, le Selecter et les Specials remettent le ska au goût du jour avec la marque Two-Tone. À Birmingham, où Steel Pulse est toujours basé, le Beat mélange northern soul et ska, et à Londres Madness complète le tableau. Toujours à Birmingham, UB 40, un groupe de chômeurs anglais, enregistre son premier quarante-cinq tours autoproduit, *Food For Thought*, énorme succès. Avec son reggae tranquille, commercial et bien fichu, UB 40 montre que les rythmes jamaïcains font désormais partie de la musique pop au même titre que le funk, la disco ou le rhythm & blues. À l'exception de Madness, ces groupes réunissent des

Noirs et des Blancs, d'où le nom de la marque Two-Tone qui met les damiers à la mode. Et les tubes s'accumulent dans toute l'Europe.

Serge Gainsbourg enregistre à Kingston un remarquable album sur des rythmes « rockers » avec Sly & Robbie (et, fait exceptionnel, avec le I Three, les choristes de Bob Marley). *Lola Rastaquouère* est un gros succès, tout comme *Aux armes et cætera*, qui fait scandale car il modifie les paroles de l'hymne national français. Gainsbourg rétorque qu'il a acheté le manuscrit de Rouget de Lisle, et que les « Etc. » incriminés figurent bien dessus ! Mais la Légion étrangère arrive en force à un concert dans l'est de la France. Sly & Robbie fuient, et Gainsbourg chante seul la Marseillaise, le poing levé, avec les militaires. L'album *Aux armes et cætera* sera la plus grosse vente de sa carrière. Gainsbourg sera bientôt suivi dans cette voie par Bernard Lavilliers notamment. En Martinique où le reggae est plus présent qu'en Guadeloupe, les premiers musiciens de reggae marquants depuis 1977 sont le groupe Sixième Continent, mené par le chanteur Kali. Ils auront un certain succès en 1980 avec *À Mobylette*, et *Reggae Dom-Tom.*

Originaire du Bénin, Yaya & Think (Yaya Yaovi) publie le premier quarante-cinq tours de reggae indépendant en France, *Rastaman Wants*, suivi de l'album *Africa Release.* À Paris on trouve déjà au moins deux boutiques spécialisées en musique jamaïcaine, Concrete Jungle (José Jourdan) et Time Music. À Londres, la boutique Greensleeves publie plusieurs disques, dont ceux de Capital Letters *(Smoking My Ganja).* Greensleeves deviendra vite le principal label de reggae indépendant anglais.

Recyclage. En Jamaïque, le succès des DJ entraîne une nouvelle métamorphose. Les rythmiques « steppers », plus nerveuses encore que certaines des contagieuses rythmiques rockers, vont se répandre jusqu'au début des années quatre-vingt. Sly & Robbie et les cruciaux Revolutionaries sont loin, en tournée mondiale en première partie des Rolling Stones avec Peter Tosh (qui publie son plus gros succès, un duo avec Mick Jagger sur une adaptation reggae du *Don't Look Back* des Temptations inspiré par une précédente version de Keith & Tex, un succès arrangé par Derrick Harriott). Tosh vient d'être à nouveau très violemment passé à tabac par la police, à la suite de ses déclarations tonitruantes sur les politiciens lors d'une conférence de presse donnée juste avant le concert pour la paix *One Love* à Kingston, où il chantait en première partie de Marley. Il souffrira toute sa vie des séquelles de ses multiples fractures.

La pratique du recyclage de rythmiques n'a rien de nouveau pour la Jamaïque, mais elle propulse de nouveaux DJ plus encore sur le devant de la scène : Brigadier Jerry, General Echo, Lone Ranger, Ranking Joe, Charlie Chaplin, Josey Wales, et celui qui va bientôt redéfinir le son du reggae, Yellowman. La bonne vieille danse suggestive « rub a dub style » consiste à danser en couple face à face, bassin contre bassin.

Une nouvelle vague de sound systems défie ceux des vétérans comme le Stur-Gav Hi-Fi de U Roy, qui a engagé Ranking Joe au micro. Parmi eux, le Youth Promotion du chanteur Sugar Minott, qui enregistre d'abord chez Studio One même, où il se spécialise dans le recyclage de rythmiques sur lesquelles il chante de nouvelles chansons. L'année suivante, Freddie McGregor (avec l'album *Bobby Babylon*) et Johnny Osbourne *(Truths And Rights)* feront de même chez Studio One en chantant du neuf sur les célèbres rythmiques millésimées d'origine. Les autres producteurs préfèrent recycler des rythmiques qui ont déjà fait leurs preuves en les réenregistrant. Bientôt le nouveau son

Roots Radics s'impose, épuré, aux basses énormes, avec Errol « Flabba » Holt (basse), Eric « Bingy Bunny » Lamont (guitare) et Lincoln Valentine « Style » Scott (batterie). Ils accompagnent Gregory Isaacs en tournée. Bob Marley est bien loin, en tournée triomphale en Nouvelle-Zélande, en Australie, en Europe. Il est rongé par un cancer (mélanome), et ses succès internationaux n'ont plus un gros impact sur la Jamaïque. Les Roots Radics et le High Times Band sont eux aussi concurrencés par Sly & Robbie et leur formidable équipe de musiciens.

Le succès de Gregory Isaacs *Soon Forward*, sur leur marque Taxi, a permis au célèbre duo basse-batterie de s'émanciper. Sly & Robbie produisent certains des meilleurs morceaux de la phase rasta des années soixante-dix qui s'achèvent. Parmi eux, ceux de Junior Delgado, Dennis Brown, des Wailing Souls, et de Black Uhuru et leur chanteur Michael Rose dont ils s'occupent activement. Leur nouveau son « robotique » anticipe déjà la révolution numérique de 1984.

Les deux chefs de gang rivaux, Bucky Marshall et Claudie Massop avec qui Bob Marley avait organisé le grand concert « One Love » pour la paix l'année précédente, sont assassinés. L'un par un tueur anonyme au Starlite Ballroom de Brooklyn, l'autre par la police. La décennie finit en clair-obscur...

Chapitre 10

L'après-Marley

L'élection de l'ultra-libéraliste Ronald Reagan aux États-Unis (et de Margaret Thatcher en Grande-Bretagne) précipite une sanglante campagne de déstabilisation de la Jamaïque « socialiste démocrate » de Michael Manley (PNP). Elle est orchestrée par la CIA, qui préférerait voir son allié Edward Seaga au pouvoir. Huit cents personnes meurent dans la guérilla urbaine qui précède les élections. Cette violence inédite, en partie financée par un trafic de cocaïne exportée aux États-Unis par des gangsters jamaïcains souvent proches de Seaga, contribue à la victoire de l'opposant proaméricain. Aussitôt, le gouvernement de droite de Seaga impose une déréglementation suggérée par le FMI, une baisse drastique des mesures sociales et une liberté des prix, qui montent instantanément. Le chômage s'accroît et les baisses de salaires touchent très durement une population déjà très pauvre. Reagan exige l'arrêt du trafic de drogue après les élections, et la guerre des gangs s'intensifie. C'est à l'arme lourde que les gangs se disputent le contrôle du crack. De nouveaux commandos officiels (« Eradication Squad ») luttent contre les tueurs. La police et l'armée combattent les gangs, dont Seaga perd le relatif contrôle qu'il détenait avant les élections. Le noyau des gangsters qui le soutenaient quitte la Jamaïque pour les États-Unis (Miami, New York notamment). Pour eux, le Bronx, c'est un peu le Club Med à côté de la guérilla armée/police/gangs de Kingston. Contrairement à l'effet escompté par Reagan, ce sont eux qui inondent les États-Unis de crack, massacrant la pègre en place. Les difficultés sociales extrêmes et les idées nationalistes de Seaga ont pour effet un repli conservateur en Jamaïque, et le pays se renferme sur lui-même au moment où le crack commence à dévaster les ghettos. Les thèmes contestataires et rastas reculent brusquement dans le reggae, et la puissance des gangs impressionne beaucoup de jeunes laissés pour compte. Jacob Miller (de Inner Circle), un des chanteurs rastas les plus en vue, se tue dans un accident de voiture le 23 mars 1980. La nouvelle génération préfère s'amuser, et des sujets toujours présents comme le sexe reviennent en force, notamment avec le DJ Yellowman, un orphelin albinos (par superstition les albinos sont fortement rejetés) à l'humour très cru.

La violence des « gun men » est naturellement évoquée et mise en cause par de nombreux DJ, qui reflètent toujours la réalité dans leurs paroles. Les « gun lyrics » et l'humour paillard du « slackness » sont très mal compris en Occident, où la Jamaïque est souvent perçue comme une carte postale ensoleillée, où les bidonvilles sont oubliés, où tout le monde fumerait du chanvre, et où l'on imagine que les rastas seraient tous des babas rêveurs... La nouvelle musique des dancehalls y est d'autant plus rejetée qu'elle est dépouillée, dénuée de la sophistication, des guitares, des harmonies vocales et des cuivres auxquels nous ont habitués Bob Marley & The Wailers, Third World ou des Britanniques comme Steel Pulse.

Ce virage déclenche un rejet de la part de critiques attachés à une image virtuelle de pureté, de spiritualité évoquée jusque-là par le reggae. On oublie volontiers la dure réalité du quotidien des ghettos, et peu saisissent l'humour et l'ironie toujours présents dans l'utilisation des thèmes paillards « slack ».

Le tempo des morceaux dominants se ralentit beaucoup par rapport aux rythmes « rockers » et « steppers ». Après une phénoménale quantité de productions, le dub perd de sa popularité au début des années quatre-vingt en Jamaïque. Les techniques de remixage commencent à se développer à l'étranger, notamment en Angleterre où l'influence jamaïcaine continue avec la mode ska/reggae. Bien que King Tubby persiste à mixer brillamment à Kingston pour Glen Brown ou Vivian « Yabby You » Jackson, il n'innove plus, et les DJ dominent d'autant plus le nouveau son.

De nouveaux chanteurs de talent apparaissent, mais les seuls qui s'imposent sont ceux qui, comme les DJ, et comme Sugar Minott, sont capables d'improviser au micro directement sur les riddims des dancehalls : Barrington Levy, Little John, l'aveugle Frankie Paul, Michael Palmer, Half Pint, Junior Reid et l'excellent Freddie Mc Gregor. Après une carrière météorique, *Uprising* est le dernier album de Bob Marley publié de son vivant. Il contient son chant du cygne à la guitare sèche, le grave *Redemption Song*. L'âge d'or du reggae se termine abruptement avec les années quatre-vingt. Pour couronner le tout, abusant du chanvre et de l'alcool, racketté par des gangsters, en proie à des comportements délirants, Lee « Scratch » Perry met le feu à son légendaire studio Black Ark, qui est complètement détruit. Le Dali jamaïcain est emprisonné trois jours pour incendie volontaire et libéré faute de preuves. Puis il part en exil en Europe. Par la suite ses réalisations ne retrouveront que rarement le niveau de ses sublimes productions des années soixante-dix.

Les Sénégalais de Touré Kunda, venus de Casamance, sont parmi les premiers artistes de ce qu'on appellera la world music. *Emma*, leur premier succès en France, mélange le style de la Guinée-Bissau et le reggae. Ils sont parmi les premiers précurseurs d'un reggae à l'africaine, qu'ils annoncent.

Le nouveau son jamaïcain n'est pas toujours apprécié du grand public, mais les nouveaux disques ne sont de toute façon que très peu distribués hors de Jamaïque. À Londres les indépendants de Greensleeves se chargent de pallier tant bien que mal cette lacune avec des imports et des licences. Ils publient notamment les classiques de Yellowman.

À Kingston, la majorité chrétienne carbure toujours autant au gospel et à la soul sage, et se méfie toujours du reggae. Mais les dancehalls ne désemplissent pas. La scène dancehall est toujours aussi dynamique, ignorant ce qui se passe hors de l'île, alors qu'aux États-Unis le rap fait une entrée en force qui coïncide avec l'esprit jamaïcain dont il est en bonne partie dérivé.

Après *Could You Be Loved*, son premier et unique vrai grand succès aux États-Unis, Bob Marley disparaît le 11 mai 1981 (le lendemain de l'élection de François Mitterrand à la présidence). Une époque s'achève. Ses obsèques ont lieu le 21 devant le gouverneur Glasspole, Manley et Seaga qui prononcent tous des discours à sa mémoire. Rita Marley et les Wailers jouent en l'honneur de Bob. Ses enfants dansent sur la scène, et la cérémonie est conduite par des rastas et des membres de l'Église chrétienne orthodoxe éthiopienne.

En Martinique, Ras Job (Zion Train Imperial) est l'un des premiers chanteurs de la vague qui succède au précurseur Kali. Au fil de la décennie apparaissent Poglo, Ras Job, Simple Roots, I & I Taxi, Official Roots, et plusieurs autres. Tous mélangent créole et anglais. En Guadeloupe, où vient de naître la fièvre zouk, le reggae se développe moins vite. En France métropolitaine, des groupes indépendants comme Vincent & The Lion, Azikmen, Savane, Ras Negus (Guyane), Natiwel, Wach'Da, Ganja, Gun Smoke, Princess et d'autres font leurs premiers pas reggae.

Yellowman. Vantard, volontiers osé, voire candidement obscène, le « slack » humoristique de Yellowman découle naturellement d'une tradition jamaïcaine qui remonte à la musique folklorique mento locale (il reprendra la chanson paillarde *Big Bamboo* en 1984) qui passe par les œuvres reggae de Prince Buster, Big Joe et bien d'autres. Yellowman est apprécié par les hommes, mais aussi paradoxalement par beaucoup de femmes jamaïcaines, qui voient souvent en cette caricature de machisme à la fois une drôlerie et une allusion rassurante au sexe.

Pour Lady Saw, dans *What Is Slackness*, l'obscénité n'est pas dans les paroles « explicites » mais « dans la violence urbaine orchestrée par les partis politiques » dans un pays où la sexualité est un des rares domaines où la femme (qui apprécie souvent le style « slack ») puisse s'exprimer.

En outre Yellowman, d'un physique assez ingrat, ose se vanter de sa séduction avec un culot typiquement jamaïcain *(Mad Over Me)*. Avec son humour culotté, il résume à lui seul l'état d'esprit insouciant que recherche l'île sous pression. Comme la plupart des artistes jamaïcains il écrit néanmoins conjointement des paroles sur des thèmes spirituels tout au long de sa carrière. Le dur de dur Henry « Junjo » Lawes (assassiné à Londres en juillet 1999), son producteur, impose son nouveau son à toute l'île, en direct de Channel One, avec les musiciens des Roots Radics. L'ingénieur du son de Junjo est Scientist, qui s'est échappé de l'écurie de King Tubby. Le bon vieux studio Channel One de la grande époque rockers connaîtra une dernière heure de gloire avec des classiques dancehall de Horace Andy, des Gladiators, Sugar Minott, Barrington Levy, Al Campbell et de nouveaux noms comme Little John, Sammy Dread, Frankie Paul ou Don Carlos.

Outre les DJ, Junjo produit quantité de classiques de chanteurs, qu'ils soient orientés « slack » ou rasta : Tony Tuff, Johnny Osbourne, Frankie Paul (dont le gros succès *Pass The Tu-Sheng-Peng*), Don Carlos, John Holt, des Wailing Souls (album *Fire House Rock*), sans oublier Papa Michigan & General Smiley, le duo du dancehall. Il publie aussi *Too Fancy*, premier disque d'un DJ de huit ans, Beenie Man.

Jusque-là, le succès d'un morceau chanté entraînait d'abord une version dub. Puis les DJ posaient leur voix sur de nouvelles versions, qui se vendaient à leur tour comme des variantes de la version chantée. Avec Roots Radics, ce sont les DJ qui précèdent les chanteurs et imposent de vieux rythmes, qu'ils recyclent et repopularisent. Ce sont alors les chanteurs comme Sugar Minott qui suivent ensuite le courant en recréant des chansons nouvelles sur les rythmiques remises au goût du jour par les DJ dominants. Le style DJ dancehall est si populaire que des cassettes des soirées circulent, et des disques en public des soirées dancehall (notamment de Yellowman – *Live At Aces* – et Fathead) apparaissent bientôt.

Junjo Lawes produit pour sa marque Vulcano des DJ comme Captain Sinbad, Clint Eastwood & General Saint, et Ranking Toyan. Eek-A-Mouse ne trouvait aucun succès avec ses disques « roots » chantés. Pour Junjo il mélange le chant et le « rap ragga » style DJ et crée le très prisé style « singjay » *(Wa Do Dem)*.

General Echo se présente comme le champion du « slack » (en anglais « laisser-aller », sous-entendu paroles sexuellement explicites) sur des rythmes produits par Winston Riley. Il a du style et son influence est énorme. Alors que Sugar Minott est, avec Barrington Levy, la nouvelle star, deux vétérans s'adaptent à la nonchalance et au tempo lent en vogue avec d'énormes succès : Gregory Isaacs *(Tune In)* et Bunny Wailer *(Cool Runnings)*. Et le tempo ralentit encore.

Sly & Robbie superstars. Aux États-Unis, des rappeurs comme Big Daddy Kane, Spooniegee, Kurtis Blow, l'écurie Sugarhill avec Grandmaster Flash & The Furious Five, représentent la nouvelle tendance de la musique afro-américaine. Souvent issues des ghettos de Brooklyn et du Bronx, ces nouvelles vedettes ne se doutent pas que le son de leur hip-hop est au moins autant issu des pratiques jamaïcaines apportées à New York par des DJ originaires de Kingston que de la culture soul/funk locale.

En 1981, la Jamaïcaine Grace Jones, vedette de la disco, revient au reggae avec Sly & Robbie pour son chef-d'œuvre *Nightclubbing*. Serge Gainsbourg récidive avec un nouvel album, *Mauvaises nouvelles des étoiles*, toujours avec Sly & Robbie qui accompagnent Black Uhuru, mais aussi Peter Tosh sous le nom de Word Sound And Power. Sly & Robbie deviennent les musiciens les plus demandés au monde. Au fil des années, ils enregistreront avec des artistes britanniques et américains comme Bob Dylan, les Rolling Stones, Ian Dury, Joe Cocker et d'innombrables Jamaïcains tels que Burning Spear, Black Uhuru, Lee « Scratch » Perry, Culture, Third World, U Roy, Peter Tosh, Luciano, Chaka Demus & Pliers, etc. Autant « Junjo » Lawes domine le marché du reggae dancehall avec Roots Radics, autant la créativité de Sly & Robbie met en forme les nouveaux rythmes et sons.

Sly témoigne : « Robbie et moi on a toujours pris des risques, on aime créer. Souvent les gens n'aiment pas sur le moment et après ils en deviennent fous. La musique jamaïcaine change radicalement, et très vite, plus vite que toutes les autres musiques au monde [...]. Sur un morceau comme *The Right Time* des Mighty Diamonds, on a créé le rythme en premier, la voix n'a été conçue dessus qu'ensuite. Mais du temps du reggae culturel on utilisait les deux façons de faire, la voix pouvait éventuellement guider l'arrangement basse-batterie. Puis souvent, sur une même rythmique, on enregistrait bien deux ou trois chansons différentes, mais maintenant sur un même rythme on fait cinquante morceaux différents. Les producteurs refont toujours le même morceau, vite fait. On régresse. »

Sly & Robbie travaillent pour leur propre marque Taxi, mais aussi pour des producteurs comme George Phang (qui contribuerait à leur assurer une indispensable protection politique), et pour Philip « Fatis » Burrell (Frankie Paul, Pinchers) qui dominera le reggae quelques années plus tard, et bien d'autres comme Prince Jammy, Myrie Lewis et Errol Marshall qui décrocheront avec eux les premières ventes sérieuses de Half Pint. Mais Sly & Robbie préfèrent produire eux-mêmes (succès de Dennis Brown, *Brown Sugar*), avec, dans tous les cas de figure, des résultats très consistants. « On pourrait engager un producteur si on n'avait pas envie de produire un morceau, déclare Sly. Mais ce qu'on veut, c'est jouer notre musique à nous, pour nous-mêmes, au lieu de le faire pour les autres. »

Le son du dancehall consiste essentiellement en une rythmique au son minimaliste, où la basse et la batterie sont écrasantes. Seuls quelques cuivres et quelques rythmiques de clavier occasionnels surgissent. Les « riddims » fournissent une base très épurée pour les DJ « slack » les plus bavards. La plupart de ces riddims proviennent de classiques. Parmi les plus repris, citons les rythmiques du *Never Let Go* de Slim Smith (qui bat tous les records), le

Drum Song de Jackie Mittoo, ou le *Full Up* des Soul Vendors sur lequel sera adapté le *Pass The Dutchie* des enfants Musical Youth, un succès anglais roots reggae devenu international (et adapté du *Pass The Kouchie* des Mighty Diamonds).

Junjo, Sly & Robbie, Sugar Minott, Prince Jammy restent les producteurs importants, mais Joe Gibbs, qui prendra sa retraite en 1985-1986, continuera jusqu'au bout à réaliser des quarante-cinq tours magiques, notamment d'Eek-A-Mouse *(Once A Virgin)*, Dennis Brown *(Let Me Love You)*, Cornell Campbell *(Boxing)* et plusieurs autres. D'autres producteurs, moins prolifiques, contribuent à inonder le marché dancehall de quarante-cinq tours simples (les maxi-quarante-cinq tours trente centimètres sont populaires depuis la fin des années 1970) : Gussie Clarke dont les productions sont raffinées (Mighty Diamonds, *Pass The Koutchie*), Winston Riley (l'ancien des Techniques a lancé Frankie Paul, General Echo et le premier DJ féminin reconnu, Sister Nancy), Jah Thomas, Linval Thompson, Ossie Thomas...

Chapitre 11

De l'Afrique au monde entier

En Jamaïque, le principal rival du producteur Junjo Lawes est Prince Jammy, qui publie en 1983 le *Money Man Skank* de Half Pint, et des disques de Junior Reid, Johnny Osbourne, Dennis Brown. Sugar Minott, qui dirige son propre sound system Youth Promotion depuis 1978, est un autre concurrent sérieux. Outre ses nombreux quarante-cinq tours et ses propres albums importants comme *Black Roots*, il produit Junior Reid et Barry Brown pendant cette période.

Enfin, cette même année 1983, un inconnu assassine brutalement par balles le pacifique DJ rasta Prince Far I, un drame qui évoque l'ambiance toujours plus sinistre dans les ghettos du bord de mer à Kingston.

En France le patron de l'influent magazine *Actuel* et de Radio Nova (sucres Béghin, Rhône Poulenc), Jean-François Bizot, devient partenaire financier des disques Mélodie, qui se consacrent en partie à la musique africaine et au reggae. Le 1er juin à Paris, rue Sauffroy, Fanny Feeny et Marie Wood ouvrent le magasin Blue Moon, spécialisé en reggae.

Culture Club, un groupe londonien mené par un populaire chanteur gay habillé de façon excentrique, Boy George, obtient un énorme succès international avec l'excellent *Do You Really Want To Hurt Me* qui confirme le potentiel pop du reggae. UB 40 continue d'ailleurs avec grand succès à faire découvrir cette musique au grand public. Décidé à faire découvrir la musique jamaïcaine authentique qu'il aime et copie souvent, UB 40 publie en 1983 l'album *Labour Of Love* où les membres du groupe reprennent dix des classiques qui ont bercé leur enfance. Écrit par Neil Diamond, *Red Red Wine* (dont un arrangement reggae par Tony Tribe avait déjà été un gros succès en 1969) devient leur plus énorme succès international. Le slow *Many Rivers To Cross* de Jimmy Cliff et le *Cherry Oh Baby* d'Eric Donaldson (déjà repris par les Rolling Stones sur *Black And Blue*) sont deux autres singles qui atteignent des sommets. Sans cesse en tournée dans le monde entier, UB 40 bat des records de vente avec son reggae accessible et bien ficelé. Sa réputation est bonne en Jamaïque, où pour la première fois de leur vie les compositeurs perçoivent des droits d'auteur.

Avec *Anthem,* Black Uhuru reçoit une récompense Grammy, attribuée pour la première fois à un artiste reggae. Mais Michael Rose quitte le groupe de Sly & Robbie peu après. Chez Island, Chris Blackwell, déçu par cette inconsistance qui succède aux décès de Jacob Miller et de Bob Marley, abandonne la musique jamaïcaine qu'il a fait découvrir au monde. Virgin, satisfait avec l'ersatz de qualité UB 40, ne réédite pas son catalogue jamaïcain. Le reggae est délaissé. Mais comme par un juste retour des choses, la relève arrive d'Afrique !

Alpha Blondy. *Rasta Poué* et *Brigadier Sabari (Opération coup de poing)* sont publiés par Kubaney Music à Dakar par un jeune producteur sénégalais, Abraham Sylla, qui deviendra un des principaux producteurs ouest-africains. Il s'agit en fait des premiers disques d'Alpha Blondy, un Ivoirien francophone qui a fait ses débuts comme chanteur de rock. « J'ai choisi le reggae parce que les Jamaïcains sont plus africains que les Noirs américains. »

Alpha Blondy a découvert le reggae en 1977 à New York avec Burning Spear et Bob Marley. « *Sabari* veut dire « pardon, pitié », en bambara, en dioula. Le morceau s'appelle en fait *Opération Coup de poing*, et le monsieur qui a pris le coup – Alpha Blondy – demandait pardon au brigadier ! En Afrique les gens pensent qu'on ne peut pas vivre de la musique. Mais comme moi je n'avais rien d'autre en tête qu'être musicien depuis le lycée, aujourd'hui je dis Dieu merci d'avoir échappé à cette galère là quoi ! [...] Dès que tu dis : « Le reggae est éthiopien », les ennemis de l'Éthiopie n'en voudront pas. Dès que tu dis que le reggae appartient à un pays, ça ferme des frontières. Mais « le reggae » tout court, chanté en n'importe quelle langue, en français, en anglais, en bikoutsi, en douala, en bambara ou en dioula, ça passe. »

Le reggae énergique d'Alpha Blondy, très influencé par Marley et éloigné du son jamaïcain, est chanté tantôt en anglais, en dioula ou en français. Il marque beaucoup une Afrique en quête désespérée d'unité, déchirée par les rivalités postcoloniales, et qui découvre à peine feu Bob Marley.

Alpha Blondy suscitera des centaines de vocations (beaucoup en Afrique occidentale, et particulièrement au Nigeria avec la remarquable Evi Edna Ogholi/Ogosi, les Mandators, Ras Kimono) : Lucky Dube, qui vendra des millions de disques en Afrique du Sud *(House Of Exile)*, Harley & The Rasta Family, Senzo Mthethwa (Afrique du Sud), Ismaël Isaac qui s'impose à Abidjan, Ahmed Faras, Djos Kezo, Larry Cheikh, Tangara Speed Ghoda, Serge Kassy, Listrone Kouame, P.I. Ray, Solo Jah Gunt (Côte d'Ivoire), Tiken Jah Fakoly (Mandingue ivoirien), Askia Modibo (Mandingue malien), Fode Kouyate, Nahawa Douymbia, Koko Dembele et Kalori Sory (Mali), Majek Fashek, Fode Baro (Guinée), et bien d'autres. Au Sénégal, ce seront notamment Adioa et même Omar Pene, qui grave quelques reggaes. Les rythmes « one drop » et « rockers » sont adoptés partout, et mélangés aux styles locaux avec lesquels le reggae fusionne aisément.

En 1984, le producteur sénégalais Abraham Sylla, qui publiera plusieurs disques de reggae africain, signe un accord avec la société Mélodie, qui distribue l'album d'Alpha Blondy en France. *Brigadier Sabari* y est un succès, et Alpha Blondy s'installe à Paris où il rejoindra bientôt les disques EMI. C'est avec le groupe de feu Bob Marley que l'Africain Alpha Blondy enregistrera quelques années plus tard, en 1987, son meilleur album, le mystique *Jerusalem*, un de ses nombreux disques d'or. Ce disque sera d'ailleurs l'un des ultimes enregistrements du batteur des Wailers, Carlton Barrett, qui sera assassiné par balles peu après, semble-t-il par un tueur commandité par sa femme. Le 11 septembre de cette même année 1987, Peter Tosh et ses invités tomberont eux aussi sous les balles, à son domicile de Kingston, lors d'un cambriolage qui tournera en bain de sang, sur fond de trafic de chanvre et de représailles de truands...

En 1984, le DJ Yellowman fait une percée en Europe, et avec lui la perception du reggae à l'étranger change. Peu à peu, l'expression de la recherche de dignité et d'émancipation (qui faisait jusque-là la grande force de cette musique) cède la place à des thèmes et à des comportements qui participent à un discrédit du reggae. Yellowman n'est pas le seul responsable de cet état de fait. Loin de là. De plus en plus de DJ évoquent des sujets franchement négatifs comme la sexualité machiste, le trafic, la consommation de cocaïne et le meurtre. Mais ces paroles de chansons ne font que refléter l'effroi d'une jeunesse encore souvent illettrée, et comme toujours prête à tout pour quitter l'enfer des quartiers pauvres. Les thèmes « gangsters » sont d'ailleurs présents depuis les débuts du ska (comme sur le fameux *Al Capone* de Prince Buster en 1965) et sont monnaie courante dans le rap.

À Londres, Adrian Sherwood commence à fusionner différentes influences sur une base reggae pour son label ON-U Sound. Le producteur anglais aidait auparavant Prince Far I à venir tenir le micro en Europe. Le son des productions des marques Fashion de Chris Lane ou du label Ariwa de Mad Professor devient peu à peu une référence au même titre que celui de leurs concurrents jamaïcains (Greensleeves, qui se développe à Londres, publie surtout des productions jamaïcaines). Des DJ anglo-jamaïcains créent des styles personnels comme le très rapide « fast style » : Asher Senator, Pato Banton, Macka B *(Sign Of The Times*, Ariwa 1986*)*, Nerious Joseph, Papa Levi, Apache Indian *(Boom Shack-A-Lack)*, General Levy *(Wickedness Increase*, Fashion 1986*)*, Tippa Irie et surtout l'irrésistible Smiley Culture, qui place deux morceaux hilarants au sommet des ventes anglaises *(Cockney Translation* et *Police Officer*, 1984-1985*)*. Les sound systems anglais comme Saxon ou Jah Shaka se développent et supplantent le sound du vétéran anglais (l'homonyme de Clement « Coxsone » Dodd) Sir Lloyd Coxsone.

Comme le blues, le jazz et le rhythm & blues avant lui, le reggae s'intègre dans différentes cultures, de la samba brésilienne (Jimmy Cliff est très populaire en Amérique du Sud) au sega mauricien (Ras Natty Baby et surtout Kaya et Racinetatane : Kaya sera assassiné par la police en 1999 lors d'une manifestation pour la légalisation du chanvre), ce qui contribue à ancrer la culture reggae dans l'océan Indien. Le rock (Pretenders, Ruts), le funk, le rap, la house music s'imprègnent de reggae et de dub, jusqu'en Nouvelle-Zélande où beaucoup de Maoris s'identifient aux rastas.

Sly & Robbie publient l'excellent premier album de Ini Kamoze *(Trouble You A Trouble Me)* chez Taxi. Avant de s'installer à New York en 1985, « Junjo » Lawes lance Coco Tea, un nouveau chanteur dont il produit l'impeccable *Rocking Dolly*. Il est vrai que déjà son ancien poulain Yellowman est en perte de vitesse dans l'île. La Jamaïque attend un nouveau son.

En Europe une vague de froid musical a considérablement transformé la musique populaire avec l'irruption des boîtes à rythmes et la propagation des claviers numériques (Depeche Mode, The Cure, Simple Minds, etc.). En Jamaïque, la compétition entre les sound systems incite comme toujours la musique à se renouveler, à se réinventer rapidement. L'influence du son « robotique » de Sly & Robbie avec l'utilisation par Sly Dunbar de la batterie aux fûts électroniques Simmons, le style de plus en plus épuré des Roots Radics dominants, et les *Rub A Dub Sound* et *Herbman Hustling* de Sugar Minott anticipent le son entièrement numérique à venir. Le *Rub A Dub Soldier* de Paul Blake & The Blood & Fire Posse est déjà à moitié programmé quand surgit le nouveau son de Prince Jammy à la fin 1984. Une nouvelle révolution...

Chapitre 12

Raggamuffin

Principal ingénieur du son de King Tubby depuis 1978, Prince Jammy (il deviendra King Jammy après le meurtre de King Tubby en 1989) révolutionne le son du reggae. Il est déjà un producteur dominant lorsque son ancien employeur et maître King Tubby termine son propre studio d'enregistrement. En février 1985, Jammy inonde les dancehalls du style « digital » (numérique) avec le très influent *Under Me Sleng Teng* de Wayne Smith, gravé le 5 décembre 1984. Il y utilise un petit clavier Casio programmé, qui le dispense de payer des musiciens et lui permet d'utiliser un petit studio personnel, bien moins cher qu'un grand local de prise de son. En enregistrant la rythmique immortelle *Sleng Teng* (qui ressemble à celle du *Something Else* d'Eddie Cochran...), créée par Wayne Smith avec un copain, Jammy devient (et restera longtemps) le producteur le plus novateur et le plus important de l'île.

Digital reggae. Jammy dirige aussi un sound system déjà décisif, qui impose son nouveau son dans toute la Jamaïque. Son succès est fulgurant. Aussitôt des centaines de nouveaux producteurs désargentés tentent leur chance. Le faible coût de production et la simplicité de réalisation du nouveau son dancehall déclenchent une avalanche de quarante-cinq tours sans précédent. Des centaines de versions du *Sleng Teng* voient le jour, et des variantes de la rythmique comme le *Tempo* (« temper » avec une faute d'orthographe) *d'Anthony Red Rose (production King Tubby) ou le Agony* de Pinchers (produit par Jammy) font un malheur. L'« Agony » (« acte sexuel ») est un style de danse qui consiste à faire tourner ses hanches de façon suggestive.

Tubby, de son côté, enregistrera après 1985 quelques-uns des meilleurs chanteurs du dancehall (dont Courtney Melody, Anthony Red Rose, Cornell Campbell, King Kong avec Pliers) et plusieurs DJ importants (Ninjaman, Brigadier Jerry).

La première partie des années quatre-vingt avait essentiellement été consacrée au recyclage de rythmiques confirmées. Cette pratique continue mais à partir de 1985 une multitude de nouveaux rythmes de « digital reggae » sont créés, bricolés, expérimentés et testés sur les danseurs puisqu'ils ne coûtent presque rien à réaliser. Cette nouvelle phase prend le nom de « raggamuffin » (de l'anglais *ragamuffin*, « vaurien »). Le terme désigne un habitant du ghetto prêt à lutter âprement pour s'en sortir, et qui apprécie ce style musical. Ce mot est utilisé depuis longtemps (Jah Stitch, *Ragga Muffin Style* vers 1976), mais il englobe soudain le nouveau son « digital reggae ». Le ragga est plus que jamais dominé par le style des DJ rappeurs jamaïcains, mais on l'emploie pour tous les styles d'interprétation, chant compris.

Le son ragga déferle comme une fièvre sur les dancehalls, mais beaucoup d'amateurs de reggae de la vieille école détestent ça. Ils rejettent ce genre qui, il faut bien le dire, se situe très loin du raffinement des Wailers ou des Gladiators si populaires à l'étranger. D'un autre côté, sur les pistes de danse l'efficacité de ces sons bricolés est irrésistible, implacable, aux antipodes de ce qui est recherché dans le contexte de la radio, du disque et de la scène des pays riches, où les sound systems n'existent presque pas.

Avec le *Greetings* de Half Pint, c'est le *Raggamuffin Year* (seulement semi-numérique) de Junior Delgado qui met le terme en phase avec l'époque et donne une identité « ragga » à la nouvelle génération des ghettos.

Rares sont les rythmiques non numériques qui tiennent le coup sur les dancehalls en cette année 1985, si déterminante.

La vieille garde réagit. Produit par Winston Riley, le *Ring The Alarm* de Tenor Saw recycle la puissante rythmique du *Stalag 17* d'Ansel Collins (à l'origine un instrumental à l'orgue de 1973) où Sly Dunbar a ajouté une batterie électronique Simmons. Sur ce morceau increvable, énorme succès en 1985, Tenor Saw vante les mérites de son sound system, annonçant qu'il faut « tirer l'alarme » car un « autre son se meurt » depuis que ce son « champion » est arrivé. Ce type de paroles « burial » (enterrement), qui reflète en l'occurrence la réalité, devient illico le thème préféré des DJ en 1985. Comme le chanteur Tenor Saw, tous scandent leur propre suprématie sur les autres, une attitude qui va persister avec le temps. Autre exception, Yami Bolo *(When A Man Is In Love)*, un rasta cool du sound system de Sugar Minott qui, comme Admiral Tibet, s'efforce avec un relatif succès d'imposer les thèmes rastas « conscious » minoritaires sur les dancehalls.

Et la même année, Chrissie Hynde (des Pretenders) et UB 40 engrangent un tube mondial monstre avec une adaptation reggae du *I Got You Babe* de Sonny & Cher, bien plus remarquée que les innovations de Jammy à l'étranger.

Tenor Saw avait déjà enregistré une version populaire du standard rhythm & blues *Fever* de Little Willie John sur un rythme *Stalag* (pour Sugar Minott en 1984). Mais le succès phénoménal du *Stalag* sur les dancehalls incite Riley à publier un album, *Stalag 17-18 and 19* où l'on n'entend que des versions différentes de la même rythmique, incluant tous ses gros succès. Toutes les rythmiques à la mode comme le *Sleng Teng*, le *Tempo*, le *Agony*, le *Tune In* (alias *Far East*) sont bientôt elles aussi compilées sur des albums « one rhythm » du même genre. Cette pratique existait depuis les années soixante-dix, mais cette nouvelle vague d'albums envahit le marché.

Personne ne dispute sérieusement la position dominante du son et du sound system de Prince Jammy, qui réalise des quarante-cinq tours de tous les artistes importants de l'époque comme Pinchers *(Bandelero)*. Il fait par exemple connaître les nouveaux chanteurs King Kong, Nitty Gritty *(Trials & Crosses)*, et Tenor Saw, mais travaille aussi avec des vétérans comme Alton Ellis, Cornell Campbell ou Delroy Wilson. Jammy devenu producteur a engagé Bobby « Digital » Dixon comme ingénieur du son. Il emploie le bassiste Cleveland « Clevie » Johnson, le batteur « Steely » Johnson et l'excellent saxophoniste Dean Frazer, dont il produit de remarquables versions instrumentales sur ses rythmes les plus célèbres. Schématiquement, Steely et Clevie sont devenus le noyau qui a succédé aux Skatalites de Studio One, aux frères Barrett et aux Aggrovators de la période suivante, aux rois du style rockers Sly & Robbie, et enfin aux Roots Radics. Rivalisant avec ses concurrents, Jammy produit des quantités industrielles de disques (cent cinquante albums au cours des années 1980, sans compter des centaines de quarante-cinq tours). Ses enregistrements les plus importants avec des DJ sont ceux d'Admiral Bailey, Lieutenant Stitchie (« Wear Yu Size »), Josey Wales, Tiger et Chaka Demus. Avec *Boops*, Supercat contribue à remettre les productions de Winston Riley (Red Dragon, Admiral Tibet) au premier plan et met à la mode le thème des « boops », les hommes mûrs qui entretiennent de jeunes femmes.

Plus que jamais, la concurrence fait rage. Black Scorpio, Redman, Winston Riley, et bien sûr King Tubby défient Jammy. Avec son nouveau studio, Tubby a déjà obtenu plusieurs succès avec l'inaltérable Gregory Isaacs, et les chanteurs Sugar Minott *(Hard Time Rock)*, Anthony « Red » Rose, Lloyd Hemmings (qui reprend le *Rude Boy* des Wailers), ou Singing Melody. Lorsque Tubby quitte le pays en 1986, son nouvel ingénieur Phantom enregistre seul Admiral Tibet, Thriller U, Junior Demus, Wayne Wonder, et Wayne Palmer (le tube *Hell Ina Town*). Il travaille souvent avec de jeunes musiciens, un nouveau groupe du nom de Firehouse Crew, qui va s'imposer sur les séances de toute l'île.

En 1987, un petit producteur jamaïcain basé à New York, Donovan Germain, fonde son studio Penthouse à Slipe Road, Kingston. Il tenait un magasin de disques à New York et s'était lancé dans la production dès les années soixante-dix. Sa marque Revolutionary Sounds a notamment publié le *Got A Good Thing Going* de Sugar Minott. Après deux succès en Angleterre *(One Dance Won't Do* de Audrey Hall et *Mr Boss Man* de Cultural Roots*)*, il cherche à améliorer la qualité musicale du dancehall livré aux approximations numériques minimalistes. Germain réhabilite des vétérans comme Marcia Griffiths ou Beres Hammond (ex-Zap Pow), tout en travaillant avec les jeunes DJ en vogue comme Buju Banton, Tony Rebel, Cobra et Cutty Ranks. L'album *Sara* de Frankie Paul est un des gros succès reggae de l'année. C'est avec Dave Kelly (disques Madhouse), ingénieur du son de Donovan Germain, que s'impose Buju Banton, la nouvelle coqueluche de l'île dont la voix « rock stone » copie celle de Shabba Ranks. Il fait connaître nombre d'artistes, comme le DJ Baby Cham. Germain est aussi un des premiers à construire ses recyclages de rythmiques avec des boucles de *samples* des originaux. Le reste du temps, Germain travaille avec les meilleurs musiciens : Steely & Clevie, Firehouse Crew, et Mafia & Fluxy qui s'imposent eux aussi. Du coup, peu à peu, Donovan Germain va prendre la place de l'incontournable Jammy, qui comme lui commence à peaufiner son ragga « ruff and tuff » en engageant les chanteurs/choristes Brian & Tony Gold.

S'appuyant fortement sur la légende et l'aura de leur illustre père, Ziggy Marley & The Melody Makers (quatre enfants de Bob au micro) ont un succès américain avec *Tumblin' Down* dès 1988 alors que Ziggy (l'aîné) n'a que vingt ans. Éloignés des racines des ghettos jamaïcains et du contexte des sound systems, berceau traditionnel du reggae, ces enfants gâtés développent progressivement un style et un son adaptés au grand public et atteignent une notoriété aux États-Unis qui dépasse de loin celle que leur superstar de père y avait atteinte de son vivant. Intrépides, ils seront désormais perpétuellement en tournée dans le reste du monde occidental, où ils perpétuent la légende de Bob Marley, infléchissant peu à peu leur orientation vers un hip-hop-reggae à la jamaïcaine.

« Combinations ». Ainsi, loin du contexte spécifique du dancehall, le reggae s'impose comme une influence majeure un peu partout. Le *Trop de bla-bla* de Princess Erika sort en France avec succès chez Polydor, et les DJ parisiens Saï Saï publient leur premier quarante-cinq tours, *Savez-vous faire le DJ ?*. Le *Pump Up The Volume* des Anglais M.A.R.R.S., très influencé par le dub, est le premier succès mondial du nouveau style en vogue, la house music.

À Kingston, le producteur Gussie Clarke ouvre Music Works, un nouveau studio à la pointe de la technique, tout près de Penthouse. Il travaille avec des compositeurs professionnels, crée des rythmiques nouvelles, et obtient de gros succès « digital » avec un son différent, plus soigné, proche de l'esprit « dread » de la décennie précédente. Gregory Isaacs est l'un des premiers à en bénéficier *(Rumours*, dont la rythmique devient le *Telephone Love* de J.C. Lodge, un succès aux États-Unis*)*, suivi des Mighty Diamonds, Dennis Brown, Coco Tea, Krystal, Cutty Ranks, Ninjaman, Papa San, Lady G (impeccable compilation « Hardcore Ragga » chez Greensleeves). Gussie produit aussi un nouveau DJ prometteur : Shabba Ranks.

Pendant ce temps, Bobby Digital et Steely & Clevie quittent Jammy. Ils ouvrent leurs propres studios et labels, Digital B (Shabba Ranks, *Peanie Peanie*) et Steelie & Clevie (Freddie McGregor). Bobby Digital enregistrera plusieurs morceaux essentiels de Shabba Ranks, comme *Wicked In Bed*. La voix de Shabba, très particulière, ressemble de plus en plus à un grognement, et son timbre « rock stone » sera utilisé également par la nouvelle génération des DJ comme Buju Banton et Bounty Killer. La mode en 1987 est aux « combinations », duos entre un DJ et un chanteur, comme ceux de Shabba Ranks et Coco Tea. Les voix de sucre contrastent avec celles des DJ au grain rocailleux. Les chanteurs les plus présents de l'époque sont Coco Tea (« Come Love Me »), Wayne Wonder, Thriller U, Sanchez, Junior Tucker, Jack Radics, Richie Stephens (qui copie Dennis Brown), Bunny Rugs (de Third World), Pliers, et son frère Spanner Banner.

Les reprises de vieilles rythmiques sont toujours très courantes. Steely & Clevie ont l'idée de demander aux interprètes d'origine de chanter eux-mêmes sur de vieilles rythmiques Studio One réenregistrées (album *Steely & Clevie Play Studio One Vintage*). L'un de ces titres, une reprise du *(No No No) You Don't Love Me* de Dawn Penn, se vend dans le monde entier. C'est l'une des grandes réussites des deux associés.

Parmi les nouvelles rythmiques populaires chez les DJ, on compte les riddims *Punaany*, le *Real Rock (Armagideon Times)*, le *Pocoman Jam*, et une nouvelle version du *Sleng Teng* par Steely & Clevie. Un jeune DJ produit chez Penthouse, Tony Rebel, réintroduit les thèmes rastas dans le dancehall et influence les autres artistes. Un de ses amis, le jeune chanteur Garnett Silk, se consacre au rastafari et complète le tableau des trois styles de thèmes désormais bien distincts dans le reggae. D'abord le reggae « soul », parfois appelé « lovers », chanté par des voix d'or comme les excellents Beres Hammond, Sanchez ou Garnett Silk. De jeunes DJ comme Beenie Man ou Lady Saw parlent eux aussi surtout de sexe et d'amour, mais sur un autre ton, bien plus cru. Ensuite, le « roots reggae » rasta d'Israel Vibration ou Burning Spear, dont le style plaît à l'étranger où ils deviennent progressivement des vedettes internationales (DJ rastas : Capleton, Tony Rebel, etc.). Enfin le style « bad boy » qui parle des dancehalls eux-mêmes, de la violence quotidienne (« gun lyrics ») et mobilise souvent les plus jeunes, en affichant une dimension glorieuse et une dignité à leur survie dans une jungle urbaine qu'ils n'ont pas choisie. Parmi eux, le redoutable mais excellent Ninjaman, qui fera plusieurs fois de la prison pour port d'armes ou détention de cocaïne.

Chapitre 13

Tension sur le ghetto

King Tubby est assassiné le 6 février 1989. L'inventeur et maître du dub contrôlait les marques Waterhouse, Firehouse, Taurus, Kingston 11 et Pioneer Muzick. Ce grand créateur, méconnu comme tant d'autres, disparaît brutalement, abattu devant chez lui, près de Kingston, par un tueur solitaire (jamais identifié) qui lui vole au passage quelques dollars, son revolver (Tubby avait un permis de port d'armes) et sa chaîne en or. Prince Jammy s'autoconsacre King Jammy, un titre mérité. Il publie le premier album de Shabba Ranks, en collaboration avec Chaka Demus. Shabba a aussi enregistré des duos avec J.C. Lodge, Coco Tea, Home T et l'Anglaise Deborah Glasgow, sans oublier ses succès pour Bobby Digital et Gussie Clarke.

Alors que le massacre de la place Tian'anmen fait rage à Pékin, la Jamaïque vibre au son de dix versions ragga différentes du *Baby Can Hold You Tonight* de l'Américaine Tracy Chapman, repris avec succès en ragga par la chanteuse Foxy Brown. Sur les dancehalls, la pratique du « mix » fait rage (l'opérateur aux platines accompagne ou modifie le rythme avec le curseur de volume). Donovan Germain impose de plus en plus sa marque Penthouse, dont le son puissant, clair et net, se démarque des sons brillamment bricolés de l'école Jammy. L'écurie de Germain inclut les DJ Capleton, Lieutenant Stitchie, Terry Ganzie, Tony Rebel, Lady Saw, Spragga Benz, Terror Fabulous, Buccaneer et le jeune Beenie Man. Il travaille aussi avec de grands chanteurs comme Frankie Paul ou Beres Hammond.

En 1990, Sandra « Puma » Jones, chanteuse de Black Uhuru, est emportée par un cancer le 28 janvier à New York. Un des meilleurs chanteurs soul/reggae de son temps, Beres Hammond, obtient enfin le succès avec *Tempted To Touch* chez Penthouse. Il reste sans doute le chanteur le plus brillant de l'ère numérique ragga. Dans le monde giga-macho presque exclusivement masculin du reggae, les femmes sont le plus souvent choristes ou pétasses de service bonnes à respirer fort dans le micro sur les passages les plus chauds des titres du ragga « slack ». Pourtant, durant les années quatre-vingt-dix, quelques dames font surface. Après Dawn Penn, J.C. Lodge et les reprises de Tracy Chapman par Foxy Brown, on remarque un retour de l'ancienne choriste du I Three de Bob Marley & The Wailers, Marcia Griffiths (album *Indomitable*), vétéran depuis les années soixante. Au fil de la décennie on voit s'imposer les DJ Lady Saw, Lady Ann, Lady G, et les chanteuses Twiggy, Krystal, Nadine Sutherland, Nana McLean, et surtout Chevelle Franklin, une choriste de l'équipe Xterminator du producteur Fatis, qui fera son chemin jusqu'aux États-Unis. Les temps changent...

Shabba Ranks contre Ninjaman. Cela n'empêche pas le plus macho des DJ, Shabba Ranks, de signer un contrat avec la société américaine Epic (Sony) fin 1990. Son *Housecall* en duo avec le chanteur anglais Maxi Priest est un gros succès international, mais son meilleur album, inventif, drôle et varié reste *Golden Touch,* sorti peu avant chez Greensleeves. Shabba ne se contente pas des thèmes graveleux du « slack » : avec Epic, il impose le son rocailleux de sa voix un peu partout dans le monde. Pour une fois, une maison de disques internationale n'a pas trop modifié le son jamaïcain actuel, contrairement à ce qui se passait généralement dans les années soixante-dix. Il faut dire que l'émergence du hip-hop américain a bien préparé le terrain, et le concept du rappeur, fût-il jamaïcain, n'est plus aussi exotique que du temps de U Roy (le terme *toaster* disparaît d'ailleurs au profit du mot « DJ »).

À la maison, Shabba est fortement concurrencé par l'affreux Ninjaman, qui débarque brusquement avec des titres forts comme *Murder Dem* et *My Weapon*, où il se vante de ses méfaits. Comme toujours, le succès d'un DJ incite tous les producteurs à lui proposer leurs meilleures rythmiques, et le sort de Ninja est scellé. Son style « conversation » absolument unique restitue l'ambiance très parlante d'une engueulade dans le ghetto. Ninjaman va inonder l'île de perles (où il insulte parfois Shabba dans un pur style « burial ») pendant trois ans. *Bounty Hunter*, son meilleur album pour Bobby Digital, alors au sommet, contient trois duos en « combination » avec Gregory Isaacs.

Mais d'innombrables DJ prétendants comme Buju Banton, Cobra, Cutty Ranks et Bounty Killer le talonnent, avec souvent comme lui une voix rauque et agressive qui scande des paroles sur la réalité des ghettos.

En 1991, Nitty Gritty *(Trials & Crosses*, 1985*)*, une des vedettes lancées par le son ragga de Jammy, est tué par balles à New York, tout comme Dirtsman *(Hot This Year)*, le frère du DJ Papa San.

Sly Dunbar crée un nouveau rythme, influencé par le zouk de Kassav et basé sur une reprise du *Bam Bam* des Maytals des années soixante. Il y incorpore un sample de tambour à eau indien, de type bhangra. Pliers chante *Bam Bam* dessus, et une « combination » avec le DJ Chaka Demus, *Murder She Wrote,* leur donnera un premier énorme tube mondial en 1993. Sly & Robbie compilent un album « one rhythm » de leurs meilleures versions *Bam Bam*, *Reggae Bangara*. Tiger est le nouveau DJ qui s'impose cette année-là.

Enregistré avec des producteurs jamaïcains pour Shang Muzik (Epic hors de Jamaïque), l'album *Raw As Ever* de Shabba Ranks est récompensé par un Grammy. Epic restitue le son « roots » d'un artiste jamaïcain et le résultat est payant, un mélange naturel réussi entre hip-hop et ragga.

Le DJ (Mad) Cobra surgit avec une série de quarante-cinq tours chez Penthouse *(Yush, Bad Boy*, etc*)*. Le titre de son album, *Bad Boy Talk*, résume bien son orientation. Sur les dancehalls, la suprématie des Shabba et Ninjaman est menacée par Bounty, Beenie et Capleton. Mais c'est surtout Buju Banton qui tape très fort avec une première série de bombes réalisées par Dave Kelly chez Penthouse, dont nombre de « combinations ». Malgré les efforts de Yami Bolo, Bunny Wailer ou Admiral Tibet, la culture rasta est au plus bas dans les dancehalls.

1992 sera l'année de Buju Banton, avec *Bogle Dance*. Paul Bogle est le danseur vedette du gang des Black Roses, et son style (bras en l'air, le regard vers le haut) s'applique à ce nouveau rythme rapide, le « dancehall beat » qui fait « doop-doop » et déferle sur le monde du ragga comme un raz-de-marée. Appelé parfois *bogle*, il devient synonyme du mot dancehall en Jamaïque. Il y a désormais, bien distincts, le nouveau rythme dancehall et les rythmiques « roots reggae » qu'on entend par exemple sur le premier album d'un nouveau chanteur rasta, le très talentueux Luciano.

Le terme « dub » est de plus en plus utilisé en Europe, notamment sous l'influence du groupe Dub Syndicate, du producteur britannique Adrian Sherwood et ses productions ON-U Sound. Sherwood a beaucoup collaboré avec

Lee « Scratch » Perry en 1987 *(Time X De Devil Dead)*. En se basant d'abord sur des rythmiques de type jamaïcain, il expérimente ensuite avec différents musiciens anglais (Dub Syndicate). Sherwood réalise alors de nombreuses productions où il fusionne différentes influences, et où le mot « dub » prend une signification différente de celle du contexte des bons vieux sound systems jamaïcains. Peu à peu, les Britanniques, très au fait de l'importance du dub par la présence d'une importante communauté d'immigrés jamaïcains en Angleterre, intègrent cette approche dans leurs musiques pour pistes de danse : pop (Soul II Soul), house, breakbeat (Rebel MC), trip hop (Massive Attack avec le vétéran reggae Horace Andy), et reggae/dub avec les productions Ariwa de Mad Professor notamment. En Guadeloupe, le ragga se développe et une compilation dénonce les méfaits du crack. Ras Abia, Little Ronny, Lord n'Bee sont parmi les artistes locaux. La langue française se mélange désormais au créole autant que l'anglais. En France le Sud-Africain Ras Dumisani, le groupe Human Spirit, les Babylon Fighters, Sophie Asher, Savane, No Smoke, Daddy Nutty, Supa John, Daddy Yod, Murphy, Tonton David, Puppa Leslie font surface, et surtout Pablo Master, qui publie plusieurs albums (dont *Scandale* en 1991).

Troubles à Babylone. *X Tra Naked* assure définitivement la suprématie de Shabba Ranks (il obtient d'ailleurs un second Grammy grâce à cet album) qui est de plus en plus défié par de nombreux DJ. Buju Banton le dépassera bientôt en popularité en Jamaïque alors que le ragga *Flex* de Cobra est un gros tube sur le marché hip-hop américain. Le *Boom Bye Bye* de Buju, interprété sur la même rythmique que *Flex*, est compris avec raison comme étant une incitation au meurtre des homosexuels. En effet la Jamaïque est traditionnellement et violemment homophobe (une interprétation tendancieuse de la Bible est souvent utilisée à ces fins), un des aspects les plus pesants de la culture de l'île. Interrogé à ce sujet par un présentateur de télévision américain qui se déclare homosexuel en direct pendant l'entretien, le « rude boy » Shabba Ranks réagit violemment et deux altercations successives s'ensuivent, vite masquées tant bien que mal par des pages de publicité. Ce scandale télévisé brise la carrière internationale de Shabba Ranks, alors boycotté par de nombreux médias américains et européens. Shabba continue à enregistrer pour Digital B en Jamaïque, comme il l'avait fait parallèlement à sa carrière internationale pour Shang Muzik. Buju Banton, lui, annule sa tournée aux États-Unis, ce qui met une mauvaise ambiance chez Mercury, la maison de disques américaine avec qui il vient de signer, et qui va sortir son album *Voice Of Jamaica* en 1993.

Tant bien que mal, les pacifiques rastas, qui incarnent plus que jamais une forme de raison dans le monde dur du reggae, tempèrent intuitivement ces débordements avec une certaine sagesse. Le nationalisme noir hérité de Garvey est cependant encore très répandu chez nombre de rastas, pour qui il est souvent le seul horizon politique. Le racisme anti-Blancs, les « bakras », est fatalement bien présent dans l'île, en particulier chez les individus les plus défavorisés et les plus ignorants. Mais l'arrogant racisme anti-Noirs de certains riches békés le leur rend bien. Malgré tout, la fraternité, l'intégration raciale spontanée et l'hospitalité l'emportent très majoritairement en Jamaïque, où un pacifisme réaliste est farouchement voulu et affiché par la population, rasta ou chrétienne, qui exècre toujours la violence, et en particulier celle issue des ghettos.

En 1993, Pan Head, un DJ montant, est assassiné à Spanish Town. Il inspire un *Murderer* furieux à son ami Buju Banton, qui se laisse ensuite pousser des nattes. Le thème des armes régresse dans le ragga à la suite de ce morceau dont l'influence semble soudain quelque peu renverser la vapeur.

Au mois de juin, le grand chanteur rasta Garnett Silk meurt chez lui dans l'explosion apparemment accidentelle d'un ballon de gaz de ville. Il devient vite le symbole du retour des thèmes rastas dans le reggae, et est vénéré comme tel (album *Gold*). Son influence, inspirée notamment par le chanteur Admiral Tibet, premier pionnier rasta des dancehalls ragga, est déterminante. Quelques jours plus tard à Kingston, lors de la remise des prix au concours des meilleurs artistes, Buju Banton, le DJ « Bad Boy » triomphant, annonce sa conversion au mode de vie rasta. La nouvelle fait l'effet d'une bombe, car Buju est précisément au sommet de sa popularité. Les Jamaïcains se réjouissent de voir un tel symbole du laisser-aller se rallier à une forme de vie spirituelle, fût-elle rasta. Le *No Mama No Cry* de Beenie Man, toujours dédié à Pan Head, monte au numéro un et elle impose son auteur de vingt-deux ans, un jeune vétéran, puisque Beenie enregistre déjà depuis plus de quatorze ans ! Une série de succès chez Taxi le placent au sommet pour longtemps. Grand rival de Buju, le beau Beenie Man n'aborde pas les thèmes rastas de la « réalité », et se concentre avec beaucoup d'humour sur les histoires de cœur et de fesse. Il est le DJ préféré de ces dames, mais Red Dragon (succès en Angleterre avec *Compliments On Your Kiss*), Super Cat, General Degree et Lieutenant Stitchie s'inspirent de son style. La présence du hip-hop se fait de plus en plus sentir en Jamaïque, sur les disques de Bounty ou Super Cat notamment. Mais la rythmique *Pepper Seed* créée par Dave « Rude Boy » Kelly domine les dancehalls.

Accélération Jungle. Le style jungle, créé à Londres par des descendants de Jamaïcains qui accélèrent des rythmiques de reggae en les mélangeant à d'autres éléments, est la nouvelle mode de l'été 94 en Angleterre. Des titres de Ninjaman en particulier sont samplés et insufflés dans ces nouveaux mixes. Steely & Clevie iront jusqu'à enregistrer un peu de jungle à la manière jamaïcaine *(Donette)*. Ce nouveau genre issu du dub prend une importance primordiale à Londres. Différents artistes pop comme David Bowie seront marqués par ces influences jungle de la nouvelle génération jamaïco-britannique.

Ce qui n'empêche pas le groupe anglais Aswad d'écouler néanmoins un gros stock de son nouvel album de reggae-variété, *Shine.*

Massive Dread, chef historique du ghetto de Trench Town et DJ occasionnel *(Owner Man Skank* pour la marque New Star de Tappa Zukie en 1978 ou *Mr. Brown* pour People Unite en 1986*)*, est assassiné chez lui en décembre 1994 par des tueurs de Tivoli. Son bras droit, Meadow, lui succède. Percival Patterson, à qui le métis Michael Manley malade avait confié le poste de Premier ministre intérimaire, est élu à ce poste contre Seaga. Patterson est le premier dirigeant (centre-droite) noir du pays. Empêtré par la pression écrasante du capitalisme américain, comme son prédécesseur il est néanmoins incapable d'imposer de réelles réformes de gauche, et la Jamaïque plie.

Après quantité de succès pour Jammy's notamment, Bounty Killer fonde sa marque Priceless, et publie son quatrième album, *My Xperience* qui contient plusieurs duos avec des noms du hip-hop, dont les Fugees, d'origine haïtienne. Parallèlement aux DJ qui dominent toujours le son des dancehalls, un reggae chanté, plus soul, coexiste. Il est souvent orienté rasta, mais on l'entend moins sur les pistes de danse inondées par les rythmes rapides « dancehall ».

New Roots. Le nouveau DJ qui émerge pendant cette période est le talentueux Sizzla, un rasta de la communauté rurale Bobo Ashanti, des fondamentalistes enturbannés qui propagent la bonne parole rasta avec une force remarquable. Parmi les Bobos, Anthony B perce également, et ces deux DJ, tout comme Everton Blender, Capleton et Tony Rebel sont les porte-parole de la nouvelle vague « new roots » qui s'affirme depuis la mort de Garnett Silk et la conversion de Buju. La popularité du puissant Sizzla va bientôt s'affirmer en France. Il fait momentanément partie de l'écurie de Philip « Fatis » Burrell, un barbu obèse et pas commode qui produit le son dominant en Jamaïque. Fatis travaille avec le maître Sly Dunbar et la section rythmique dominante, Firehouse Crew. Sa marque Xterminator va publier des quarante-cinq tours de tous les noms qui comptent dans l'île, comme Nadine Sutherland, Marcia Griffiths, Freddie McGregor, Coco Tea et Beres Hammond. Fatis est présent depuis 1984, et ses productions ont déjà donné de bons résultats dans les années quatre-vingt (Sanchez, Pinchers, Thriller U, Daddy Freddy). Il continuera notamment avec Sizzla, Mikey General et Ras Shiloh.

Le principal chanteur à se faire une place au soleil à cette époque est le rasta Luciano, qui enregistrera plusieurs albums réussis pour Digital B et Xterminator en particulier (Island va en distribuer quelques-uns). Luciano est infatigablement en tournée, et emmène avec lui le saxophoniste virtuose Dean Frazer qui participe activement au spectacle et dirige son excellent groupe. Michael Rose (ancien chanteur de Black Uhuru) enregistre des morceaux marquants avec Sly & Robbie *(X Uhuru)*. La nouvelle vague de roots reggae, où Xterminator mène la danse, est appelée « new roots ».

L'une des bonnes surprises de l'année 1995 est le retour du style des tambours rastas nyahbinghis, sous la forme d'une rythmique électronique appelée Kette Drum, sur laquelle on reconnaît entre autres le *Silk Chant* du déjà légendaire (et excellent chanteur) feu Garnett Silk. Autre surprise, la visite en Jamaïque des deux filles et des trois fils du chanteur new-yorkais Denroy Morgan. Sous le nom de Morgan Heritage, ils font équipe avec Bobby Digital et réalisent un fantastique album, *Protect Us Jah*, publié l'année suivante.

En 1996, Ini Kamoze publie son impeccable *No Watch No Face*. Mais les DJ sont toujours sur le devant de la scène. Parmi ceux qui se font remarquer, on note Frisco Kid, Merciless, Buccaneer, Spragga Benz. Le nouveau producteur montant, Richard Bell, publie le premier album d'Anthony B, « Real Revolutionary ». Avec Norris Man, Goldie Natch, Derrick Lara et Anthony B, sa marque Startrail devient un des principaux labels en concurrence avec Madhouse et K-Licious (Dave Kelly), Digital B (Bobby « Digital » Dixon), Penthouse (Donovan Germain) et l'incontournable Xterminator (Philip « Fatis » Burrell).

Whinie Whinie. Hors de Jamaïque, des formations comme Asian Dub Foundation, ou encore le Axiom Dub de Bill Laswell intègrent l'approche de King Tubby à leur musique essentiellement électronique et utilisent le terme dub, à la mode en 1996-1997. Le dub électronique anglais (sur des rythmes « steppers » rebaptisés « warrior » notamment) détourne l'expression de sa véritable signification d'origine, et coexiste avec la multitude de courants « dance » dans ce pays où le reggae a presque complètement disparu, la nouvelle génération d'origine jamaïcaine se passionnant pour d'autres genres.

Mais les sound systems Metro Media, Jamrock et surtout Stone Love, mené par l'ineffable Rory au micro, dominent complètement le son de la Jamaïque lors de soirées chaudes en émotions. Les danses commencent par de la soul (Mariah Carey, Whitney Houston, Céline Dion sont particulièrement appréciées) et du rhythm & blues lent (R & B). Puis le tempo accélère avec un peu de reggae. Puis vient la pulsation accélérée et impitoyable du rythme dancehall *hardcore* tribal. Les DJ se passent le micro comme des jongleurs, éructant en *patois* créole d'hermétiques commentaires sociaux scandés en rythme sur le ragga suractivé qui déferle à plein volume et à toute vitesse. La musique s'interrompt sans arrêt pour laisser le DJ parler, philosopher, commenter l'actualité, la voix inondée d'écho, et présenter le court extrait suivant. Pour véritablement créer un événement visuel, il faut qu'intervienne le *videoman*. Celui-ci honore de sa présence la meilleure soirée (il est généralement là pour les bals donnés par les rois du sound system, Stone Love, et revend les torrides cassettes VHS le lendemain dans son échoppe du centre-ville). Pendant toute la durée de la soirée, il éclaire lui-même les danseuses en les filmant avec sa caméra HI-8. On ne voit donc rien d'autre que ce qu'il filme, la seule source de lumière étant fixée au bout de son objectif. Prise dans le faisceau, une danseuse s'agite, se penche en avant, et applique en rythme un mouvement rotatif extrêmement suggestif à son postérieur... Cette danse (quasiment la seule pratiquée dans les soirées ragga) s'appelle le « whinie-whinie » (de l'anglais « whine », cri plaintif...). Une chorégraphie quasi similaire, le « ventilateur » est pratiquée sous d'autres latitudes plus africaines. Dans les sordides boîtes de « go-go dancing » de la capitale, les filles pratiquent le « whine » nues contre rétribution. Mais au dancehall il s'agit réellement d'un jeu esthétique, très difficile à exécuter avec élégance. Et bien sûr, les Jamaïcaines y excellent. Comme le dit une des reines du « whinie-whinie », Babi Dolli, un mannequin/chanteuse aussi blonde qu'anglaise fixée à Kingston depuis des années, jadis connue sous le nom de Ari Up à la tête des Slits, « je défie quiconque d'en faire autant ». L'exercice est difficile, et être capable de faire le « whine » avec une réelle classe est un exploit réservé aux seules vraies déesses de la nuit. Car la plupart des Jamaïcaines s'y adonnent sans pudeur, avec un naturel déconcertant, qu'elles fassent deux cents kilos (selon les canons locaux, plus son « bumper batty » – son derrière – est gros, plus la fille est sexy) ou, plus rare, qu'elles aient les jambes minces comme celles des grenouilles de la jungle qui coassent à longueur de nuit, tapies dans l'ombre, improvisant pour Kingston une bande-son pour noctambules unique au monde. Chacune des filles présentes attend son tour pour passer à la casserole devant la caméra. Elles chaloupent toutes nonchalamment au son du ragga dévastateur, une canette de Red Stripe (la bière locale) ou, plus distingué, une Heineken à la main. Quand le *videoman* les braque de sa lumière aveuglante, elles exécutent le plus souvent leur exhibition en souriant, allant parfois dans un accès de chaleur fréquent sous cette latitude jusqu'à mimer avec un partenaire un coït acharné (bien qu'habillé) à même le sol.

À Kingston, les boutiques de mode dancehall *Ouch !* et *Lexus* se disputent le petit marché de la « haute couture » la plus excentrique. Les mannequins viennent en quelque sorte défiler en dansant le « whinie-whinie » sur les dancehalls, sapés à mort dans les tenues les plus affolantes. Les femmes présentes qui peuvent se le permettre iront ensuite s'offrir une tenue dancehall découverte à même la piste de danse.

Ainsi, la mode la plus extravagante vit bel et bien dans la rue, sur les pistes en ciment où elle respire en des soubresauts de dignité esthétique, une expression désespérée, instants de grâce bien rares et pourtant si fréquents sur cette île, où l'élégance déchaîne son excentricité sans retenue.

Chapitre 14

Frenchy Reggae Party

En France, la musique jamaïcaine commence à vraiment colorer la variété locale, sans doute parce qu'elle symbolise encore une forme d'authenticité, et ce en bonne partie grâce à l'inaltérable popularité de Bob Marley. Le succès de Tonton David au fil des années quatre-vingt-dix (*Sûr et certain* et *Chacun sa route*, 1994) n'y est pas pour rien, et un engouement inattendu pour le reggae se précise. Maxime Leforestier par exemple enregistre un reggae, et c'est par la scène que des groupes comme Sinsemilia imposent leur style influencé par le rock alternatif. La première compilation d'artistes indépendants, *Frenchy Reggae Party* (Big Mama/Tripsichord) se vend à des dizaines de milliers d'exemplaires. La forte présence de DJ indépendants comme Massilia Sound System à Marseille ou Saï Saï à Paris se fait sentir, et le reggae influence considérablement les groupes qui jouent sur scène. Les classiques du reggae deviennent en quelque sorte ce que le blues était pour la génération du rock.

Avec pour manager Sébastien Farran (imprésario de NTM), Raggasonic vend des centaines de milliers de disques d'un ragga francophone en respectant l'esprit du dancehall, qui séduit le grand public hip-hop, très nombreux en France. Mais contrairement aux DJ jamaïcains, ils prennent surtout le micro sur scène. Même identité pour Lord Kossity, un grand nom du ragga *hardcore* en Martinique, qui enregistre un duo avec les rappeurs NTM *Ma Benz*.

En 1998, le groupe provençal autoproduit Sinsemilia surprend avec le succès de leur reprise en reggae-rock du classique *La Mauvaise Réputation* de Georges Brassens. Tryo, un trio de chansonniers libertaires de banlieue parisienne, interprète sur scène avec trois guitares (dont deux sèches plus un percussionniste) des compositions originales (*Reggae Akoustik*) qui séduisent les adolescents. Leur succès chez les étudiants est immense.

En tournée avec un groupe jamaïcain, Pierpoljak s'affirme comme la figure emblématique de la vague reggae francophone. *J'sais pas jouer*, enregistré en Jamaïque, est son premier gros tube radio en France, vite suivi de *Pierpoljak*. D'autres artistes indépendants résistent à la tentation hip-hop omniprésente. Parmi eux, Jeff De Paris (*La Martiniquaise*), Lord Kossity, Saï Saï (*Le ragga ça le fait*), Marousse (« Skanka Fé » 1999), Baobab, Zoanet, Tiken Jah Fakoly, Momo Roots, K2R Riddim ou Mister Gang *(Tout le monde est là)*, qui parviennent tant bien que mal à faire leur trou à force d'obstination et d'indépendance. Les Neg' Marrons publient un album, *Ruff Neg*, chez Sony. En 1998, le Festival Reggae de l'organisateur spécialisé Garance remplit cette année deux fois la gigantesque salle de Bercy où Sizzla, annoncé en tête d'affiche, annule une fois de plus à la dernière minute. La France est devenue le pays où le reggae est le plus populaire au monde. L'Europe de l'Ouest, à l'exception paradoxale de la Grande-Bretagne, est avec le Japon le principal marché de cette musique. Pourtant, les formations à l'étiquette reggae, qui pimentent souvent leur style de raï, de hip-hop et d'autres influences, sont souvent plus orientées vers la performance scénique que la composition de chansons solides. Elles rappellent la scène rock alternative des années quatre-vingt et la difficulté à s'imposer à la radio, un médium qui, un peu comme la scène, est loin de correspondre à la raison d'être fondamentale et historique du reggae : le dancehall. Ce glissement et cette intégration de la richesse musicale jamaïcaine dans la culture française sont néanmoins prometteurs.

En 1998, en Jamaïque aussi, on regarde vers Paris, mais pour d'autres raisons. L'équipe de l'entraîneur brésilien le « Professeur » Simoes, les Reggae Boyz, est qualifiée pour y disputer en juin la coupe du monde de football, le sport national jamaïcain. Les rêves de gloire créent une incroyable union sacrée dans tout le pays. Même les ennemis jurés des ghettos de Tivoli et Trench Town font la paix pour l'occasion. Tout un symbole. Après l'annonce de la qualification de l'équipe nationale, des dizaines de morceaux ont été enregistrés en 1997 pour encourager et vanter les mérites des Reggae Boyz. Snagga Puss, Papa San et Mega Banton comptent parmi les thuriféraires de l'équipe, mais c'est Sly Dunbar qui produit en 1998 *Rise Up*, un morceau commercial destiné à représenter la Jamaïque sur la compilation officielle de la coupe. De nombreux as du disque d'or y participent sous le nom de Jamaica United, dont Toots, Ziggy Marley, Diana King, Shaggy, Ini Kamoze, le I Three, Buju Banton, Tony Rebel, Brian Gold, Richie Stephens, et Maxi Priest.

Mais le véritable son authentique de l'île est toujours dominé par Xterminator (qui sera en forte baisse de popularité après la coupe de monde) et les variantes des rythmes ragga dancehall et les thèmes « bad boy » et « slack » avec Monster Shack, Vegas, Cobra, Hawkeye et une multitude d'autres artistes. Parmi les nouveaux DJ vedettes, on compte Red Rat, Sean Paul, Vegas, qui succèdent à Merciless et Spragga Benz, tandis que la cote de Sizzla descend après un départ en flèche chez Fatis.

Les thèmes abordés sont moitié rastas, moitié dancehall. Avec le très drôle (bien que son impénétrable patois complique la compréhension !) *Who Am I*, Beenie Man réussit un succès aux États-Unis. Ses concurrents soulignent que Beenie, le chéri des Jamaïcaines, y avouerait un improbable penchant pour l'homosexualité... Une calomnie aussi classique qu'efficace !

Peu de temps après, la Jamaïque est vite éliminée de la coupe du monde. La guerre tribale entre ghettos peut reprendre aussi sec. Meadow, chef du noyau d'autodéfense de Trench Town, sera assassiné à Londres en octobre 1999.

Les deux grands jazzmen saxophonistes et arrangeurs historiques du reggae, fondateurs des Skatalites et actifs jusqu'à la fin, disparaissent. Tommy McCook décède à Kingston le 4 mai à soixante et onze ans des suites d'un emphysème et d'une pneumonie. Rolando Alphonso décède à Los Angeles le 20 novembre à soixante-sept ans de complications dues à un anévrisme.

L'hécatombe continue dans les mois qui suivent : le grand organiste producteur roi du mélodica, Augustus Pablo, disparaît le 18 mai 1999, suivi du chanteur fondateur des Wailers Junior Braithwaite le 2 juin (devenu héroïnomane, et assassiné par trois tueurs), du « prince du reggae » Dennis Brown le 1er juillet à quarante-deux ans d'une insuffisance respiratoire (crack ?), du producteur de Yellowman « Junjo » Lawes assassiné par balles à Londres toujours en juillet, du grand DJ I Roy le 30 novembre (crise cardiaque) et du chanteur Joe Higgs le 18 décembre (cancer)...

Les nouveaux DJ en vogue s'appellent désormais Zum Jay, Lexus, et les chanteurs les plus demandés sont Bushman, Morgan Heritage (ils ont maintenant un label, HMG, qui publie leur *Don't Haffi Dread*), Prince Malachi *(Jah Light)*, Jahmali, et le trio « opera style » T.O.K...

Après de nombreuses reprises des riddims et des morceaux créés par Bob Marley & The Wailers, et après plusieurs habillages douteux de la voix de Bob Marley par divers producteurs, dont Coxsone, Bill Laswell/Chris Blackwell et Danny Sims, et à la suite du duo virtuel Marley-Sélassié *War/Selassie Is The Chapel*, bien mieux accueilli, ce sont les enfants de Bob Marley eux-mêmes qui publient l'album *Chant Down Babylon*. On y entend des voix inédites de leur père ajoutées sur des rythmiques strictement hip-hop, avec de grands noms du rap invités pour des duos, comme Lauryn Hill des Fugees, qui est concubine du fiston Rohan Marley, un ancien champion de football américain. Ce projet est conçu et dirigé par Stephen Marley, un des quatre Melody Makers, dont le talentueux *Rebel In Disguise* (1993) restera sans doute comme le meilleur titre du groupe mené par son grand frère Ziggy. Certains regrettent l'absence de rythmiques reggae sur ce disque largement promu par des concerts (émotion de Stephen en duo virtuel avec son père) et une gigantesque campagne de presse orchestrée par la richissime famille sous l'égide de la veuve Rita Marley. Mais cette pratique du sampling et des mélanges virtuels est assurément représentative du tournant qu'a pris la musique populaire à la fin du XXe siècle. Et la Jamaïque n'y échappe pas.

Le 31 décembre 1999, l'album de Bob Marley & The Wailers *Exodus* est consacré album du siècle par le grand magazine hebdomadaire américain *Time*. Cette récupération officielle du symbole universel de la rébellion qu'est devenu Bob Marley par l'un des organes « politiquement correct » les plus en vue de l'*establishment* américain en dit long sur la force de son mythe. L'Amérique raffole des héros et des symboles simplificateurs, et celui de Marley dominera longtemps l'aura de la Jamaïque et du reggae, sans que son message revendicatif soit pour autant compris et satisfait. Comme l'écrivait le *New York Times* de façon peut-être aussi ironique que prophétique quinze ans après sa disparition, « *en 2096, quand l'ancien tiers-monde occupera et colonisera les anciennes superpuissances, Bob Marley sera* commémoré comme un saint ».

Annexes

Glossaire

Ancients : synonyme de dreadlocks.

Babylon : la cité païenne antique de Babylone combattit les Hébreux. Par extension, le terme signifie pour les rastas tout ce qui est païen. À commencer par la société occidentale catholique et anglicane qui a déporté les Africains aux Antilles, et toute la société oppressive occidentale, notamment la police (« dutty Babylon »).

Baldhead : de l'anglais « tête chauve ». Un non-rasta (de nombreux rastas, comme Toots, portent néanmoins les cheveux très courts, plus rafraîchissants).

Batty boy : de l'anglais *butt*, « cul » ou « extrémité ». Un homosexuel, bouc émissaire fétiche des maux endurés par les Jamaïcains, et dénoncés par les DJ qui les vilipendent copieusement à longueur de soirée dancehall.

Béké : terme créole (Antilles francophones) désignant les riches familles blanches descendant des colons. *Bakras* = « Blanc » en Jamaïque.

Blood claat ou **rass claat** : littéralement *tissu taché de sang* menstruel. Injure et exclamation numéro un en Jamaïque.

Calypso : musique des carnavals de l'île de la Trinité (au sud des Antilles). Ce terme désigne aussi parfois la musique traditionnelle jamaïcaine, le mento (ou calimento).

Combination : duo en studio entre un chanteur et un DJ (rappeur). Une voix de DJ ajoutée sur un dub où figurent des bouts de voix chantée n'est pas une vraie *combination*.

Culture : terme désignant généralement la culture rasta, ou « réalité ». Les sound systems employant des DJ rastas sont « culturels », et les chanteurs et DJ eux-mêmes ont une étiquette « culturelle » ou non selon les thèmes qu'ils abordent, une distinction essentielle dans l'île.

Dancehall : de l'anglais « salle de bal », « salle de danse » ou plutôt « piste de danse » puisque les sound systems sont le plus souvent installés sur des terrains en plein air entourés de murs. Le dancehall est le médium pour lequel la musique jamaïcaine est conçue et le plus largement entendu. Ce mot désigne aussi la phase très orientée vers le sound system qui succède à l'internationalisation du reggae, qui commence vers 1979 avec la période rub-a-dub, et deviendra le ragga avec le son « digital » en 1985. À partir de 1992 (Buju Banton, *Bogle Dance*), le nouveau style de rythme rapide qui impose sa suprématie sur les dancehalls prend le nom de « dancehall riddim » ou « dancehall beat ».

DJ ou **Deejay** : de l'anglais *disc jockey* (« cavalier qui monte les disques »). Animateur à la radio ou en sound system (ne pas confondre avec le *selecter*), le DJ est au micro. Il est capable de parler dans le rythme, qu'il « monte ».

Don : chef de quartier, ou chef de gang. Un chanteur ou DJ peut aussi s'autoproclamer « don » du micro.

Dread : de l'anglais « épouvante ». Désigne une personne qui laisse sa chevelure pousser sans la coiffer, selon (à l'origine) le vœu du nazir de la Bible (Nombres 6,

5) fait par les Fils d'Israël, dont Jésus. La plupart des rastas sont des dreads, mais beaucoup de dreads ne sont pas pour autant des rastas, loin de là.

Dreadlock : mèche, natte naturelle, non tressée.

Dub : version remixée d'un morceau, où subsistent des parties de voix ou non. On trouve un dub de la face A sur la majorité des quarante-cinq tours de reggae dès 1973. Hors de la terminologie reggae, dans un sens plus large le mot dub désigne un disque où le travail de l'ingénieur du son est en évidence, ce qui n'a pas beaucoup de sens dans un monde où la musique pop « dance » est dominée par les ingénieurs du son.

Ganja : chanvre.

Gospel : évangile. Chants d'église, spirituals américains comme jamaïcains.

Griot : caste de conteurs, chanteurs et musiciens d'Afrique de l'Ouest.

Haïlé Sélassié Ier : empereur d'Éthiopie de 1930 à 1974, considéré par beaucoup de rastas comme étant « le dirigeant légal de la terre » et de surcroît le Messie, en raison de ses ancêtres qui, selon la liturgie chrétienne orthodoxe éthiopienne, remonteraient jusqu'au roi Salomon.

Herb : feuilles de chanvre *(cannabis indica)*, considérées par bien des rastas comme un sacrement.

Howell (Leonard Percival) : fondateur du mouvement rastafarien dans les années 1930.

Jonkanoo ou **John Canoe** : musique traditionnelle jamaïcaine syncrétique, issue d'un rituel de fertilité d'Afrique de l'Ouest, et associée à la récolte de l'igname. Comprend aussi des symboles chrétiens, comme le diable. Jouée dans les carnavals de Noël aux Antilles. Influence importante sur le ragga notamment.

I and I : moi et Dieu. Soit « je » ou « nous », Dieu étant en chacun.

Irie : sentiment de bien-être. Bienvenue.

Ital : naturel. Contraction rastafarienne de l'anglais « natural ». Cuisine ital rasta : ingrédients frais, sans animaux (sauf parfois les poissons de mer) ni sel, ni conserve.

Ites : Contraction rastafarienne de l'anglais *heights*, « hauteurs » (hauteur spirituelle, où la consommation de ganja joue son rôle).

Jah : un des nombreux noms hébreux de Dieu.

Lion : symbole de l'Éthiopie impériale, et symbole rasta de détermination et de force.

Locks : voir *dreadlock*.

Mento : musique traditionnelle spécifiquement jamaïcaine.

Natty : de l'anglais *knotty*, « noueux ». Adjectif de cheveux.

Nyah : synonyme de rasta.

Nyahbinghi : style de percussions rastafariennes.

Obeah : magie noire afro-jamaïcaine. Sa pratique est punie par la loi.

Patois : langue populaire de la Jamaïque.

Pinacle : de l'anglais « point culminant ». Nom de la première communauté rasta dirigée par Howell.

Posse : bande. Se réfère surtout aux bandes armées des cow-boys américains, et donc éventuellement aux gangs jamaïcains.

Ragga ou **raggamuffin** : de l'anglais *ragamuffin*, « vaurien ». Reggae joué par des instruments strictement électroniques (programmés). Le terme ragga indique souvent une musique nerveuse, au tempo rapide, interprétée par un DJ qui parle/rappe.

Rasta ou **rastafarien** : de l'amharique (éthiopien) *ras* (« tête, duc ») et Tafari (prénom chrétien de Haïlé Sélassié Ier). Personne se réclamant de la culture rastafari, un mouvement qui interprète la Bible de façon afrocentriste et prône une vie saine.

Reality : la réalité des *sufferers* des ghettos. Désigne généralement un thème de paroles rasta.

Reggae : abréviation de l'argot jamaïcain *streggae*, « femme ayant plusieurs amants ». Style de musique issu du rock steady, né en Jamaïque en 1968. D'abord au tempo rapide, le reggae désigne d'abord un style musical bien plus nerveux que le rock steady. Il se métamorphose vite avec de nouveaux rythmes, « one drop » et « rockers » dans les années 1970, puis « rub-a-dub » et ragga la décennie suivante, et « dancehall », etc., dans les années 1990. Le mot reggae devient en 1975 le terme générique de toute la musique jamaïcaine après le succès international de Bob Marley.

Riddim : rythme (avec l'orthographe du patois/accent local). Nom d'un accompagnement, d'une musique rythmique comprenant un motif de batterie précis et une partie de basse originale. Un riddim reggae est souvent utilisé comme accompagnement pour différentes versions instrumentales (solos d'orgue ou de saxophone par exemple), dubs (remixage), versions DJ (rap jamaïcain) ou nouvelles versions chantées, sur lesquelles on recrée une nouvelle chanson. Le riddim prend en général le nom du premier morceau enregistré qui l'a utilisé. Parmi les riddims les plus populaires recyclés sur les dancehalls, le *Sleng Teng* (*Under Me Sleng Teng* de Wayne Smith), le *Real Rock* et le *Swing Easy* (Soul Vendors), le *Heathen* (Bob Marley & The Wailers), le *Stalag* (Ansel Collins & The Soul Syndicate).

Rock steady : le style rock steady, entre ska et soul, succède au ska en 1966. Il laisse la place au reggae, qu'il préfigure, en 1968.

Roots : « racines ». Authentique. Un *roots man* est une personne proche de la nature. Le roots reggae désigne *a priori* un reggae naturel, diffusant un message rasta « conscious ». Mais il signifie aussi paradoxalement tout ce qui est en phase avec la « réalité » *(reality = conscious = rasta)*, ce qui inclut la dure réalité des ghettos – qui génère la conscience rasta salvatrice. Le son de Shabba Ranks, pas du tout rasta, et diffusé internationalement, est *roots* à sa manière car authentiquement jamaïcain et peu édulcoré par des tentatives « commerciales » imposées par sa maison de disques.

Rude boy : voyou, criminel des ghettos. Beaucoup de disques de reggae des années 1960-1970 incitent les rudies à revenir à la raison (Dandy Livingston : *Rudie A Message To You*, Wailers : *Rude Boy*, Slickers : *Johnny Too Bad*, etc.). Le terme devient *bad boy*, bandulo, etc.

Selecter : programmateur de disques à la radio ou dans un sound system.

Ska : musique jamaïcaine, née en 1960 d'un boogie-woogie à la syncope exagérée. Les parties de cuivres jazzy sont souvent très présentes dans le ska. Très populaire dans l'île de 1960 à 1966, il est redécouvert en Angleterre le temps d'une mode de 1979 à 1981.

Sensi : *sensimilla* (ganja puissante sans graines). Selon les époques et les lieux, d'autres termes désignent le chanvre : *lamb's bread* (cultivé pour les graines), *kaya, alaska, skunk*, etc.

Singjay : interprète capable de mélanger chant et style DJ. Eek-a-Mouse est le premier à enregistrer ainsi en 1980 pour « Junjo » Lawes.

Slack et **slackness** : « laisser-aller ». Signifie l'utilisation de paroles sexuellement explicites, très en vogue à partir de 1979 avec General Echo et Yellowman.

Soul : de l'anglais « âme ». Style de musique populaire afro-américaine dérivée du gospel et du blues, et née à la fin des années 1950. La soul music, très écoutée et jouée en Jamaïque, influence énormément le rock steady et le reggae, qui sont des formes exotiques de soul music.

Sound system ou **sound** : sono mobile pour bals en plein air. Les baffles *(boxes)* bricolés sont énormes. La culture des sound systems et de leurs DJ a longtemps été une forme de divertissement uniquement jamaïcaine avant de se propager dans la culture « dance » internationale.

Spliff : cigarette contenant de la ganja.

Steel band : orchestre de tambours d'acier typiquement antillais. Les steel bands sont apparus au carnaval de l'île de la Trinité après la Seconde Guerre mondiale.

Toaster : nom donné aux DJ jamaïcains dans les années 1960. Ce mot disparaît, remplacé par le terme DJ (voir plus haut).

Version : une version au mixage différent de l'original, que ce soit une version dub, DJ, instrumentale (sax ou orgue en général) ou chantée. Inclut les enregistrements où la rythmique est entièrement réenregistrée par un producteur différent.

Yard : la maison.

Zion : la terre promise biblique de Sion, située à Jérusalem ou, pour de nombreux rastas, en Éthiopie.

Discographie

Tous les albums et titres cités dans le texte du livre sont des disques importants. Néanmoins les suggestions réunies ici indiquent les disques compacts les plus essentiels.

Les disques Trojan sont distribués par PIAS. Le label Greensleeves est distribué par Musisoft.

Coffrets

The Story Of Jamaican Music (4 CD *Mango/Island/Universal*)
Le guide définitif de la musique jamaïcaine, les fabuleux titres clés du rhythm & blues/boogie au ragga, via le rock steady, le ska, le reggae, mais sans le dub. Indispensable.

Bob Marley : *Songs Of Freedom* (4 CD *Tuff Gong/Island/Universal*)
Le guide idéal de la discographie de Marley. Des skas obscurs de 1962 à un *Redemption Song* prophétique enregistré lors de son ultime concert en 1980. Inclut des dizaines de titres essentiels des années 60 introuvables ailleurs.

Lee « Scratch » Perry : *Arkology* (3 CD *Upsetter/Island/Universal*)
Remarquable compilation des productions géniales de Scratch au studio Black Ark. Dub, chant (Scratch sur 5 titres), DJ. La base *from Scratch*.

Mento

The Hiltonaires : *Big Bamboo (Coxsone/Sonic Sounds)*
Un des rares albums de mento trouvables. Contient de nombreux classiques du genre par un des grands groupes historiques du calypso/calimento jamaïcain.

Ska 1960-1966

The Maytals : *Never Grow Old (Studio One/Heartbeat/Musisoft)*
Les premiers classiques de Toots & The Maytals. Énergique. Ska plus rhythm & gospel.

Sir Coxsone & Duke : *Reid In Concert At Forrester's Hall (Studio One)*
Les irrésistibles quarante-cinq tours phares que passaient les deux plus grands

concurrents des sound systems ska dans leurs soirées. Le jazz ska le plus entraînant, par les Skatalites et leurs amis. Instrumental.

The Skatalites : *Foundation Ska (Heartbeat/Musisoft)*
Impeccable compilation de base du seul super-groupe du ska, qui a enregistré des centaines de titres, le plus souvent disponibles en vinyle seulement. Instrumental à 95 %.

Go Ska Go *(Heartbeat/Musisoft)*
Bonne compilation Studio One. Les Skatalites accompagnent les grands chanteurs de l'époque.

Top Guns From Top Deck *(Top Deck/Music Club)*
Le son « garage punk » du ska. Son pourri mais énergie maximum.

Bob Marley & The Wailers : *One Love At Studio One (Coxsone/Heartbeat/Musisoft)*
Peter Tosh, Bunny Wailer, Bob Marley : le trio vocal le plus célèbre de Jamaïque était au sommet dans l'île dès 1963.

Rock steady 1966-1968

Peter Tosh : *The Toughest (Heartbeat/Musisoft)*
Avant le reggae international des années 70, un des meilleurs albums (méconnus) de Peter Tosh. Tantôt teigneux, tantôt tout doux.

Mojo Rock Steady *(Heartbeat/Musisoft)*
Une bonne compilation des grands interprètes de rock steady chez Studio One.

The Paragons : *« On The Beach With The Paragons » (Treasure Isle/Jet Set/Culture Press)*
Un album original d'un des meilleurs groupes vocaux de l'époque. John Holt est le chanteur soliste.

The Paragons : *Golden Hits (Treasure Isle/Jet Set/Culture Press)*
Compilation terrible.

Desmond Dekker & The Aces : *Action (Beverley's/Jet Set/Culture Press)*
Album superbe. Contient le *007 (Shanty Town)* qui a fait sa gloire en 1967.

The Techniques : *Rock Steady Classics (Rhino)*
Solide compilation d'un des meilleurs groupes vocaux de l'époque. Harmonies exquises. Difficile de trouver mieux.

The Very Best Of Reggae volume III (Beverley's/Treasure Isle/Club Dial)
Les inoxydables plus grands succès Treasure Isle. Par courrier au Club Dial.

The Melodians : *Swing And Dine (Heartbeat/Musisoft)*
Un des meilleurs groupes vocaux de l'époque, spécialiste des mélodies, comme leur nom l'indique.

The Heptones : *On Top (Studio One)*
Premier album du grand groupe vocal rock steady de Studio One. Mais presque tout est bon chez eux. Leroy Sibbles principal chanteur soliste et bassiste génial.

Delroy Wilson : *Original Twelve – The Best Of (Coxsone/Heartbeat/Musisoft)*
Douze tubes Studio One essentiels, chantés par un jeune adolescent.

Joe Gibbs/Amalgamated Label : *Explosive Rock Steady (Heartbeat/Musisoft)*
Une bonne compilation disponible d'un jeune producteur qui deviendra important.

Early reggae 1968-1971

Burning Spear : *Rocking Time (Studio One)*
Deuxième album et premiers chefs-d'œuvre méconnus du monstre sacré du roots reggae.

U Roy : *Super Boss (Treasure Isle/Culture Press)*
Tous les tubes originaux qui ont révolutionné le reggae en 1970 quand le DJ U Roy posait sa voix sur les premiers dubs rock steady et reggae de l'histoire. Décisif, historique et absolument excellent.

Bob Marley & The Wailers : *Selassie Is The Chapel (JAD/Pense à Moi/EMI)*
Contient le premier manifeste rasta de Bob, et des titres soul, rock steady et reggae du trio vocal de 1968 à 70. Magique.
Soul Rebels, Soul Revolution Part II, More Axe, Keep On Skanking (JAD/Pense à Moi/EMI)
L'intégrale du travail du trio Bunny Peter & Bob avec Lee « Scratch » Perry, entièrement remasterisé. Enregistrements historiques, parmi les tout meilleurs de (tous) les intéressés.

Larry Marshall : *Presenting (Studio One)*
Méconnu, Marshall a été un des grands instrumentistes arrangeurs créateurs de la légende Studio One. Et en plus, il chantait des classiques comme *Throw Me Corn*.

Ethiopians : *The Original Reggae Hit Sound (Esoldun/Culture Press)*
Menés par Leonard Dillon, les premiers purs rastas du reggae comptent parmi les meilleurs.

Maytals : *Bla Bla Bla (Esoldun/Culture Press)*
Compilation hyper énergique des premiers reggaes frénétiques des futurs Toots & The Maytals.

Desmond Dekker & The Aces : *Intensified ! (Beverley's/Jet Set/Culture Press)*
Album original. De l'or pur. Contient le tube mondial *Israelites*.

The Harder They Come (bande du film) (*Island/Universal)*
Les meilleurs morceaux de Jimmy Cliff sont là. Avec quelques autres géants comme les Maytals et les Slickers. Grand classique.

Clancy Eccles Presents His Reggae Revue (Heartbeat/Musisoft)
Compilation de quarante-cinq tours de différents artistes réalisée par le premier producteur ouvertement politisé. À découvrir.

Monkey Business (Trojan)
Une salve de titres clés triés sur le volet, parmi les plus importants de l'époque.

Harry Mudie Productions : *Let Me Tell You Boy (Trojan)*
Bonne compilation d'un producteur de qualité bien à part.

Respect To Studio One (2 CD *Studio One/Heartbeat/Musisoft)*
Les plus grands succès de Studio One à la charnière de la décennie 60-70. Incontournable.

Rebel Music (Trojan)
Bonne compilation.

Jackie Mittoo : *Tribute to Jackie Mittoo (Studio One/Heartbeat/Musisoft)*
Instrumentaux de l'organiste arrangeur surdoué de Studio One. Incroyable album. Il y chante même quelques titres sublimes *(Summer Breeze)*.

Roots reggae (chant) 1970-1979

Abyssinians : *Best Of (Clinch/Musidisc)*
Premier grand classique rasta. Contient l'essentiel *Satta Massa Gana*. L'album *Satta Dub* (Tabou 1) est pas mal aussi.

The Congos : *Heart Of The Congos (Maroon/Blood & Fire/Night & Day)*
Sans doute le plus grand chef-d'œuvre réalisé par Scratch Perry au studio Black Ark. Sublime trio vocal mystique, son extraterrestre, âme fruste à nu, inédits, livret luxe. Obligatoire.

Gregory Isaacs : *The Early Years (Trojan), The Cool Ruler Rides Again (Music Club), My Number* One *(Heartbeat/Musisoft), Love Is Overdue (Network/Night & Day), Soon Forward (African Museum/Virgin Front Line)*
Première série de chefs-d'œuvre du monstre sacré. Toute la douceur et la sensualité soul du reggae sont là.

Lee Perry & The Upsetters : *Double Seven (Upsetter/Trojan)*
Les productions de Scratch juste avant le studio Black Ark. Il participe lui-même au micro. Avec les Upsetters, U Roy, I Roy, David Isaacs. Avec l'inaltérable *Kentucky Skank*.

The Upsetters with Lee Perry & Friends : *Build The Ark (Upsetter/Trojan)*
Complexité, folie, talent, génie. La crème du studio Black Ark, complet avec version dub de chaque titre chanté, un témoignage de l'immensité du reggae roots à son glorieux apogée.

Toots & The Maytals : *Funky Kingston (Mango/Universal)*
Funky Kingston est sûrement le meilleur reggae jamais enregistré par Toots. Les autres ne sont pas mal non plus. Sueur et exubérance soul. Super.

Yabby You : *Jesus Dread 1972-1977 (Blood & Fire/Night & Day)*
Compilation miraculée de titres obscurs et de perles (dont plein de dubs) réalisée par un brillant petit producteur indépendant, Yabby You. Avec différents artistes, mixé par le maître King Tubby.

Burning Spear : *Marcus Garvey (Fox/Island/Universal), Social Living (Burning Spear/Blood & Fire/Night & Day)*
Les deux albums définitifs du géant, le Spear. *Marcus Garvey* est le premier des deux à acheter (dubs en bonus). Essayez-le, et vous ne résisterez pas longtemps à acheter le deuxième.

Bunny Wailer : *Blackheart Man (Solomonic/Island/Universal)*
Le meilleur album de l'ancien du trio vocal Wailers. Il est accompagné par le nouveau groupe de Marley, les Wailers. Bob est aux chœurs.

Black Uhuru : *Showcase (Taxi/Heartbeat/Musisoft)*
Premier et meilleur album du groupe de Sly & Robbie, qui a précédé la vague dancehall.

Bob Marley & The Wailers : *Catch A Fire, Burnin', Natty Dread, Rastaman Vibration,* et compilation des grands succès *Legend (Tuff Gong/Island/Universal)*
Tous les albums de Bob Marley sont bons, mais ces quatre-là, très célèbres, sont avec ceux produits par Perry (plus haut) peut-être les plus indispensables.

Horace Andy : *Mr. Bassie (Studio One/Heartbeat/Musisoft), Do You Love My Music (Hungry Town/Blood & Fire/Night & Day), The Prime Of Horace Andy (Music Club)*
La voix fantomatique, suprême, haut placée, d'un des chanteurs les plus soul et les plus magiques du reggae, bien avant qu'il ne finisse dans le groupe pop anglais Massive Attack. Absolument excellent.

Dennis Brown : *Some Like It Hot (Greatest Hits volume I), Open The Gate (Greatest Hits volume II) (Heartbeat/Musisoft)*
Une bonne partie des meilleurs enregistrements du géant soul reggae a été réalisée pour Niney. Ses productions sont toutes là.

Pablo Moses : *A Song (Island/Universal)*
La révélation de 1979. Délicatesse, sensualité.

The Mighty Diamonds : *The Right Time (Well Charge/Virgin Front Line)*
Trio vocal doux, style rockers des débuts, avec Sly & Robbie à la rythmique. Un des sommets du genre.

Israel Vibration : *The Same Song (Top Ranking/Pressure Sounds)* Magistral premier et meilleur album du trio vocal rasta séparé en 1998.

The Gladiators : *Trench Town Mix Up (Well Charge/Virgin Front Line)*
Deuxième album magnifique d'un des grands trios vocaux du roots reggae. Les autres chez Front Line et chez Studio One (et un Tabou 1) sont bons aussi, mais celui-ci a vraiment le feu.

Roots dub 1970-1979

King Tubby And Friends : *Dub Gone Crazy 1975-1979, Dub Like Dirt (Jackpot, Weed Beat, Attack/Blood & Fire/Night & Day)*
Deux écrasantes compilations de remixages réalisés par le maître et inventeur du dub, King Tubby, pour le producteur crucial Bunny « Striker » Lee.

King Tubby Meets Rockers Uptown (Yard/Clocktower)
La crème des productions d'Augustus Pablo remixées en dub par le maître.

Lee Perry & The Upsetters : *Rhythm Shower (Trojan)*
Perry seul aux manettes pour son premier album de versions en solo. Avec les DJ Sir Lord Comic et Dillinger au micro sur deux titres, et Augustus Pablo au mélodica çà et là.

Lee Perry & The Upsetters : *Blackboard Jungle Dub (Upsetter)*
Le premier album strictement dub produit par le génial Scratch Perry, et mixé par King Tubby.

Lee Perry & The Upsetters : *Revolution Dub (Esoldun-Mélodie)*
En 1973 Perry introduit des rythmiques lourdes, ultra-lentes dans ses dubs au son énorme. Il y injecte des effets de son puissants, un mixage bizarre de sa voix, et les bruitages d'une comédie enregistrée à la télévision.

X-Ray Music (Blood & Fire/Night & Day)
Une compilation de choc qui réunit des bombes des premiers maîtres remixeurs du genre : *King Tubby, Scratch Perry, Prince Jammy, Jojo Hookim, Scientist, Philip Smart, Clive Chin.*

Inner Circle & The Fatman Riddim Section : *Heavyweight Dub/Killer Dub (Blood & Fire 1999, dist. Night & Day)*
Compilation de dubs dans un style différent, sur les rythmes rapides rockers de Sly & Robbie.

Roots DJ 1970-1979

I Roy : *Don't Check Me With No Lightweight Stuff (Blood & Fire/Night & Day)*
Formidable compilation du maître DJ.

Jah Lion : *Colombia Colly (Upsetter/Island/Universal)*
Une production Scratch Perry de ce DJ obscur, hilarant au micro sur certaines des meilleures rythmiques enregistrées pendant la grande époque du studio Black Ark.

Big Youth : *Dread Locks Dread (Virgin Front Line)*
Un bon disque du géant Big Youth, mais le « Screaming Target » *(Trojan)* est bon aussi.

If Deejay Was Your Trade (Blood & Fire/Night & Day) Remarquable compilation de quelques-uns des grands DJ des années 70, précurseurs du rap avec chacun leur style très distinct : Big Joe, I Roy, Tappa Zukie, Jah Stitch, Dr Alimantado, Dillinger, Prince Jazzbo.

Dillinger : *CB 200 (Mango/Island/Universal)*
Célèbre et excellent album incluant le succès mondial *Cocaine In My Brain*.

Doctor Alimantado : *Best Dressed Chicken In Town (Greensleeves)*
Un classique du genre. Original. Scratch est aux commandes sur le meilleur titre, qui donne son nom au disque. La pochette funky est à la hauteur du titre.

Steel Pulse : *Handsworth Revolution (Island)*
Un des rares chefs-d'œuvre du reggae venu de Grande-Bretagne, où vivent les membres de Steel Pulse. Innovant, avec des harmonies vocales aériennes, des parties instrumentales et des compositions incomparables.

Linton Kwesi Johnson : *Forces Of Victory (Island/Universal)*
Chef-d'œuvre d'un autre genre, la « poésie dub ». Très engagé dans une lutte d'essence révolutionnaire, LKJ a commencé par révolutionner le reggae anglais avec une série de disques brillants, où le mysticisme rasta fait place à un réalisme aussi poétique que résolu. Incontournable.

Serge Gainsbourg : *Aux armes et cætera (Philips/Universal)*
Le chef-d'œuvre du reggae francophone. Avec Sly & Robbie et leurs copains, et les choristes de Bob Marley. Indispensable.

Dancehall 1980-1984

Forward *(Greensleeves)*
Compilation de quarante-cinq tours bien vendus à la boutique Greensleeves à Londres entre 1977 et 1982. Le lien entre roots reggae et dancehall.

Barrington Levy : *Collection (Greensleeves)*
Déjà un classique pour Junjo Lawes avant la suprématie de ce chanteur à partir de 1990.

Gregory Isaacs : *Lonely Lover (African Museum)*.
Incontournables perles de Gregory *(Tune In, Poor & Clean* incluses*)* et sa voix suave accompagnée par Roots Radics. Les deux albums suivants, *More Gregory* (avec *Front Door, My Only Lover*), et le fameux *Night Nurse* (avec *Cool Down The Pace*) réalisés par la même équipe sont aussi excellents.

A Dee-Jay Explosion Inna DanceHall (Heartbeat)
Compilation photographie de la scène des DJ de 1982, avec des gens comme Michigan et Smiley, Sister Nancy ou Eek-A-Mouse sur des rythmiques Studio One et quatre versions du méga-succès *Pass The Kouchie*.

Lone Ranger : *M16 (J & L)*
Production de Niney où Lone Ranger révolutionne le style DJ avec ses interjections comme « bim » et « ribbit ». Terrible. Vinyle dur à trouver, tout comme *The Other Side Of Dub* chez Studio One.

Yellowman : *Zungguzungguguzungguzeng (Greensleeves)*
Les premiers albums Greensleeves (à partir de 1982) contiennent tous de bons titres, tout comme le *Them A Mad Over Me* chez Channel One en 1981, mais la compilation définitive du maître des dancehalls de l'époque reste à faire.

Freddie McGregor : *Bobby Babylon (Studio One/Heartbeat)*
Le recyclage par de nouveaux interprètes des arrangements et rythmiques Studio One au début des années 80 incite Coxsone à recycler lui-même ses bandes. McGregor chante ainsi de fabuleuses nouvelles chansons sur des musiques éprouvées. Du même, essayer aussi *Big Ship (Thompson Sound/Greensleeves)*

Johnny Osbourne : *Truths And Rights (Studio One/Heartbeat)*
Même chose que pour Freddie McGregor ci-dessus.

Wailing Souls : *Fire House Rock (Volcano/Greensleeves)*
Un trio vocal rasta vétéran très à l'aise accompagné par les Roots Radics en vogue. Splendide.

Half Pint : *Money Man Skank (Jammy's)*
Le classique de ce chanteur dominant à l'époque.

King Jammy : *A Man And His Music Volume 3 – Hits Style (RAS/Mélodie)*
La meilleure compilation début années 80 de ce producteur essentiel. Avec Coco Tea, Frankie Paul, Junior Reid, etc.

Sugar Minott : *Black Roots (Black Roots/Mango)*
Peut-être l'album le mieux choisi du grand chanteur des années 80.

Dennis Brown : *Brown Sugar (Taxi)*
Un de ses sommets, avec Sly & Robbie.

Ini Kamoze : *Ini Kamoze (Island)*
La réponse de Sly & Robbie aux Roots Radics. Un disque sinueux, lent, typique de l'époque. Imbattable.

The Mighty Diamonds : *Changes (Music Works)*
On retrouve leur grand succès *Pass The Kouchie* sur différentes compilations.

Stalag 17-18-19 (Virgin)
Différentes versions chant et DJ sur la même increvable rythmique *stalag*, dont le chant de Tenor Saw sur le grand classique *Ring The Alarm*.

Ragga 1984-1995

King Jammy : *A Man And His Music Volume 2 – Computer Style (RAS/Mélodie)*
Sans doute la compilation idéale pour découvrir le son numérique du nouveau reggae introduit par King Jammy fin 1984. Bricolages numériques révolutionnaires, ultra-efficaces. Avec le crucial *Under Me Sleng Teng* de Wayne Smith.

Nitty Gritty : *Trials And Crosses – Tribute To Nitty Gritty (VP)*
Un grand moment de chant sur le nouveau son numérique de King Jammy vers 1985.

Lieutenant Stitchie : *Wear Yu Size* (Great Ambition) *(Jammy's/Super Power)*
Un sommet du style DJ sous la houlette de King Jammy.

Frankie Paul : *Sara (Jammy's/Live & Love)*
Un album bombe du grand chanteur aveugle, produit par Jammy.

Hardcore Ragga (Greensleeves)
Compilation de gros et innovants succès chantés (comme *Rumours* de Gregory Isaacs) et DJ style.

Macka B : *Sign Of The Times (Ariwa)*
DJ anglais au débit supersonique, une des meilleures productions de Mad Professor.

Freddie McGregor : *Now (Steely & Clevie)*
Un bijou du grand chanteur, accompagné par le nouveau son de Steely & Cleevie (1991).

Steely & Cleevie Play Studio One Vintage (Steely & Cleevie/Heartbeat)
Reprise de grands classiques Studio One par les artistes d'origine, mais avec le son dominant de Steely & Cleevie.

Beres Hammond : *A Love Affair (Penthouse)*
Un avant-goût du son des années 90 avec le producteur Donovan Germain qui réalise cet album pour cet immense chanteur vétéran.

Chaka Demus & Pliers : *Tease Me (Taxi/Mango)*
L'album de « combination » chant/DJ produit par Sly & Robbie qui a remis la Jamaïque sur la carte internationale en 1991/93 avec l'irrésistible *Murder She Wrote* ou *She Don't Let Nobody*.

Marcia Griffiths : *Indomitable (Penthouse)*
Un rare album de chanteuse réussi, avec le nouveau son de 1993 réalisé par D. Germain. Buju Banton, Tony Rebel & Bunny Rugs sont invités.

Shabba Ranks : *Golden Touch (Two Friends/Greensleeves)*
Le disque juste avant l'immense succès international de la grande vedette des années 90. Un de ses tout meilleurs.

Ninjaman : *Bounty Hunter (Digital B/Blue Mountain)*
Avec Shabba Ranks, Admiral Tibet et Gregory Isaacs. La crème de l'excellent DJ Ninjaman, avec le son Digital B.

Alpha Blondy & The Wailers : *Jerusalem (EMI)*
Bien loin du dancehall, cet album spirituel fut enregistré avec le groupe de feu Bob Marley par le célèbre chanteur ivoirien de reggae. Magnifique, avec même des bouts francophones.

New roots 1992-2000

Garnett Silk : *Gold (Greensleeves)*
La compilation ultime de l'homme qui a remis la culture rasta dans le vent. Chanteur chétif, mais à la voix d'une puissance effarante.

Buju Banton : *'Til Shiloh (Penthouse/Loose Cannon)*
Un des premiers classiques de ce DJ (superstar en Jamaïque) après sa prise de position rasta.

Bounty Killer : *My Xperience (VP)*
Un grand double album par un grand DJ de ragga hardcore pour les amateurs du genre.

Capleton : *Prophecy (Def Jam/Ral/African Star)*
DJ hardcore ragga lui aussi, mais tendance rasta, avec la rythmique Kette Drum des tambours nyahbinghi numérisés avant leur retour en force.

Digital B Presents Kette Drum (Digital B)
Tambours nyahbinghi à la sauce ragga, chant et DJ. Classique de 1995.

Sky High & Mau Mau Present Marcus Garvey Chant (Sky High)
Compilation des grands moments des DJ (comme Tony Rebel, Ricky Chaplin) et des chanteurs (Yami Bolo, Garnett) rastas du ragga des années 90.

Luciano : *Where There Is Life (Island)*
Un des grands classiques qui ont révélé ce chanteur rasta de classe internationale. Le son Xterminator dominant de Fatis Burrell au cœur des années 90.

Michael Rose : *X Uhuru (Taxi/Tabou 1)*
L'ancien chanteur de Black Uhuru enregistre des morceaux marquants avec Sly & Robbie.

Morgan Heritage : *Protect Us Jah (VP/Pense à Moi/EMI)*
Une famille de chanteurs et musiciens américano-jamaïcaine tout entière s'y met pour le classique de 1996.

Sizzla : *Black Woman & Child (Greensleeves)*
Le DJ bobo Sizzla a émergé avec ce disque remarquable qui lui assure une place dans la légende.

Buju Banton : *Inna Heights (Penthouse/Jahmin'/Musisoft)*
Over Hills And Mountains, le génial morceau libérateur de la fin du siècle.

Bruno Blum : *Nuage d'Éthiopie (De Luxe/Scalen)*
Comme on n'est jamais aussi bien servi que par soi-même, surtout ne manquez pas cet album de roots reggae francophone (dubs inclus), au son roots comme on n'en fait plus depuis l'âge d'or de Studio One !

Bibliographie

The Holy Bible, New King James Version, Thomas Nelson, 1982, 858 p.

Hors série *Best* : **Best Of Reggae**, éditions Médéric, 1994, 115 p.

Hors série *Radio Nova* : **50 ans de Bob Marley**, Paris, Novapress, 1995, 64 p.

Les Anciens Éthiopiens, Anfray (Francis), Paris, Armand Colin, 1990, 277 p.

Le Dictionnaire du rock, Assayas (Michka), Paris, Robert Laffont, 2000, 2700 p.

The Reggae Rough Guide, Barrow (Steve), Dalton (Peter), Rough Guides/Penguin, 1997, 395 p.

The Story Of Jamaican Music, Barrow (Steve), Londres, Island, 1993, 65 p.

The Guinness Who's Who Of Reggae, Barrow (Steve), Bell-Brown (Lol), Hawke (Harry), Larkin (Colin), Masouri (John), McCann (Ian), Rogan (Johnny), Scrivener (Jean), Atherton (Mike), Londres, Guinness Publishing, 1994, 318 p.

Kebra Nagast (The Glory Of Kings), Brooks (Michael), Jamaïque, Kingston Publishers Limited, 1995, 196 p.

Downbeat Special-Studio One Album Discography, Chapman (Rob), Paignton, Devon, Royaume Uni, Rob Chapman, 1996, 54 p.

For God And Emperor, Hanson (Herbert & Della), Californie, Pacific Press, 1958, 188 p.

Peter Tosh : Honorary Citizen, Steffens (Roger), New York, Sony/Columbia/Legacy, 1997, 59 p.

Sites Internet

Jammin' Reggae Archives :
http ://niceup.com/
Tout est là, y compris beaucoup d'autres bons sites reggae.

Reggae en France :
http ://members.aol.com/and125/reggae.htm

Bob Marley – Les Années rebelles :
http ://services.worldnet.net/ramonym/Pages/bobintro.html

Complete Bob Marley & The Wailers 1967 to 1972 :
http ://nelson.olm.net/Complete/complete.html

Bob Marley :
http ://home.earthlink.net/~danieln/wailersnewsk. html

Reggae Supersite :
www.reggaesupersite.com/

Remerciements

Une grande quantité des informations incluses dans ce livre ont été extraites du *Reggae Rough Guide*, le seul livre définitif sur l'histoire du reggae. L'auteur rend ici hommage à ses éminents auteurs, Steve Barrow et Peter Dalton.

Tous les entretiens contenus dans ce livre ont été conduits par l'auteur, à l'exception des citations de Bob Marley qui proviennent de conférences de presse.

Merci à Olivier Albot, Aston Barrett, Steve Barrow, Beenie Man, Chris Blackwell, Alpha Blondy, Bruno Castro, Gilbert Castro, Jimmy Cliff, Jeremy Collingwood, Clement Dodd, Francis Dordor, Florent Droguet, Lowell « Sly » Dunbar, Fat A & Riko, Toots Hibbert, Joe Higgs, I Roy, Franck Jacques, Linton Kwesi Johnson, King Stitt, Arnaud Kruczynski, Christian Lebrun, Bunny Lee, Olive Lewin, Patrick Lubino, Emmanuel Maizeret, Bob Marley, Claudine Martinet, Pierre Mestcherinoff, Blaise Ndjehoya, Marc Oler, Lee Perry, Leroy Jodie Pierson, Buffalo Bill, Winston Riley, Winston Rodney, Robbie Shakespeare, Leroy Sibbles, Jean-Bernard Sohiez, Roger Steffens, Peter Tosh, Marc Tourtchaninoff, Julie Vermeulen, Michael Witter, Tappa Zukie.

Table

Annexes

Librio
Le livre à 10 F

366

Composé par IGS-CP à Angoulême
Achevé d'imprimer en Europe
à Pössneck (Thuringe, Allemagne)
en mai 2000 pour le compte de E.J.L.
84, rue de Grenelle 75007 Paris
Dépôt légal mai 2000

Diffusion France et étranger : Flammarion